Bernhard Diers

Süddeutsche Zeitung Edition

Bibliothek der Köche

Bernhard Diers

Text: Ingo Swoboda
Fotografie: Bernd Grundmann

Süddeutsche Zeitung Edition   Bibliothek der Köche

STUTTGART

Berlin

DIE BIBLIOTHEK DER KÖCHE

INHALT

INHALT

INHALT

INHALT

Bernhard Diers

In der Zirbelstube herrscht eine entspannte Ruhe, nicht einmal die alten Holzdielen des ganz und gar in Holz getauchten Raumes knarren unter den Schritten des flotten jungen Service, der auch im gefüllten Restaurant den Überblick behält und ausgesprochen sympathisch die Gäste berät. Die Situation hat etwas Heiteres, Unbeschwertes und Leichtes, trotz oder gerade wegen der „Grande Cuisine", die das Restaurant verspricht und die es zur ersten Adresse für Feinschmecker in der Landeshauptstadt gemacht hat. Denn in der Zirbelstube gelingt der Spagat zwischen schwäbischer Beharrlichkeit in einem Ambiente, das sich jeder Modernität verweigert, und einem ansprechenden Charme, den die junge Brigade zwanglos und spürbar locker, aber immer kompetent auf den Gast überträgt. Der Funke springt über, die akkurat eingedeckten Tische mit den blitzblank polierten Bestecken werden zum Schauplatz eines Genusses, der „Grande Cuisine" in einer bemerkenswerten Präzision und in sich stimmigen Arrangements zelebriert, ohne dabei jene Lockerheit zu verlieren, die aus der Leidenschaft des Kochs erwächst und die seine besondere Klasse ausmacht. Auf der Speisenkarte stehen unwiderstehliche Verlockungen wie Praline von Gänsestopfleber mit der hausgemachten Brioche, Dreierlei von der Wachtel auf Spargelgelee in Sesambutter, Suprême vom Saint Pierre im Gemüsesud, natürlich Crème brulée und Bâtonnete von der Flugananas mit rotem Pfeffereis und warmem Kokosnuss-Süpp-

chen. Das klingt nach großer Küche, nach französisch inspirierter Klassik und nach fulminanten Gaumenfreuden. Doch schon der erste Biss verrät, dass hier ein Koch am Werk ist, der feine, leise Töne in die „Grande Cuisine" bringt, der sehr akzentuiert und subtil Geschmackswelten schafft, die in Perfektion ineinander greifen und von einer betörenden Leichtigkeit sind. Plötzlich wird die „Grande Cuisine" zum unbeschwerten Erlebnis und man spürt, dass der Koch das Essentielle der Produkte nicht nur verstanden, sondern vor allem zum Vorschein und in Harmonie zueinander gebracht hat. Der Koch, dem diese „große Küche" mit Bravour gelingt, heißt Bernhard Diers, ein gebürtiger Niedersachse mit markanten Gesichtszügen und hellwachen Augen, aus denen nicht nur

Leidenschaft für den Beruf, sondern auch die Neugier herausschaut, die Dinge hinterfragt und Forschritt auch in einer verlässlichen Beständigkeit erkennt. Was gut ist, kann noch besser werden, lautet seine Devise.

Gutes Essen verlangt Tischkultur

Bernhard Diers kommt aus Asendorf, rund 40 Kilometer von Bremen entfernt. Eine gut bürgerliche, frisch zubereitete Küche gehört zum Familienalltag, der Fisch am Freitag, der Eintopf am Samstag und der sonntägliche Braten sind Kochklassiker der Mutter. Vor allem aber wird im Hause Diers die Tischkultur gepflegt, kein Essen ohne Tischdecke

und Serviette. Die Eltern legen Wert auf einen stil-
vollen Rahmen, der die Mahlzeiten im Kreise der
Familie zu etwas Besonderem macht. Aus der eigenen kleinen Geflügelzucht des Vaters kommen
Suppenhühner, Hähnchen und Tauben, aber auch
Pekingenten auf den Tisch, dazu hält die Familie
zwei bis drei Schweine, die zu hausgemachter Wurst
und Schinken verarbeitet werden. Neben dem Bewusstsein, dass Essen einen wichtigen Stellenwert
im Leben hat, deswegen einer entsprechenden Prä-
sentationsform bedarf, erkennt Bernhard Diers
schon früh, dass Essen über das Sattwerden hinaus
auch eine genüssliche Komponente birgt, in dem es
Menschen an einem Tisch zusammenbringt und
eventuelle Spannungen vergessen lässt. In seiner
Freizeit macht Diers erste Erfahrungen in der Gastronomie und bessert im „Gasthaus Dillertal" mit
Geschirr spülen, Salat putzen und Kartoffeln schälen sein Taschengeld auf. Irgendwann darf er auch
kalte Platten für die Buffets anrichten und bekommt gezeigt, wie ein Reh waidmännisch zerlegt
wird. Von einem Beruf in der Gastronomie ist
Bernhard Diers zu dieser Zeit noch weit entfernt, er
möchte lieber Fotograf werden. Erst nach und nach
reift der Entschluss, nach der Schule eine Lehre als
Koch zu beginnen und Bernhard Diers startet im
Jahre 1975 seine Kochkarriere dort, wo er seit Jah-
ren als Aushilfe jobbt. Das „Gasthaus Dillertal" ist
mit seiner verlässlichen bodenständigen Küche in
der Region bestens bekannt, zum Betrieb gehören
auch eine eigene Metzgerei und Konditorei. Beste
Voraussetzungen für einen Lehrling, das Koch-
handwerk in seinen profunden Grundlagen zu er-
lernen und eine breite Basis für den späteren Be-
rufsweg anzulegen. Doch Diers bekommt jetzt
auch seine eigenen Grenzen zu spüren, eine harte
Arbeitswoche fordert vollen körperlichen Einsatz

*Das Gourmet-Restaurant „Zirbelstube" im Hotel am
Schlossgarten ist Stuttgarts erste Adresse für Feinschmecker*

und lässt nur wenig Freizeit. Der anfängliche Idealismus für den Kochberuf bekommt erste Zweifel, die Motivation sinkt und Bernhard Diers ist sich nicht mehr sicher, ob er den Weg am Herd weitergehen möchte. Eine schwierige Phase für einen jungen Mann, der gerade im Begriff ist, seine Leidenschaft fürs Kochen zu entdecken, auf der anderen Seite mit der Situation am Herd konfrontiert wird, die den Köchen vom ersten Tag an volle Konzentration und handwerkliche Präzision abverlangt. Einem Koch und einem Chirurgen verzeiht man keine Fehler, Bernhard Diers spürt den Druck, der sich nur in einer gut organisierten Teamarbeit auflösen kann und der nur dann zu Höchstleistungen führt, wenn Hand in Hand gearbeitet wird. Diese Herausforderung, die Idee der verschworenen Gemeinschaft am Herd, die reibungslos wie ein Uhrwerk funktionieren muss, Pflichtbewusstsein und Verantwortung von jedem Einzelnen für das Ganze verlangt, um gleichzeitig Kreativpotenzial freizusetzen, fasziniert Diers und er beißt sich durch. Die Lehrjahre im „Gasthaus Dillertal" werden das solide Fundament, auf dem Bernhard Diers nach und nach seine erfolgreiche Karriere am Herd aufbaut.

Lehrreiche Wanderjahre

Nach der Lehre zieht es Diers von Niedersachsen zunächst in den Schwarzwald nach Breitnau. Im „Kaisers Tanne Wirtshus" trifft er auf Günther Gerlach, der charismatische Küchenchef ist ein leidenschaftlicher und innovativer Koch, motiviert Bernhard Diers für die „Haute und Grande Cuisine", sensibilisiert ihn für Produktqualitäten und vermittelt ihm die Verantwortung, die der Koch

für Tier und Natur trägt. Denn beste Qualitäten erfordern artgerechte Haltung und einen nachdenklichen und seriösen Umgang mit den Ressourcen, auf die die Gastronomie angewiesen ist. Die Zeit im Schwarzwald wird für Diers eine wichtige Station, die seine beruflichen Lebensgeister neu motivieren und ihn in seinem Denken ein ganzes Stück näher in Richtung Spitzengastronomie bringen. Doch bevor er in der Kaderschmiede für Spitzenköche landet, geht er für ein Jahr nach London ins „Royal Lancaster Hotel". Gedacht ist das kochende Gastspiel in der britischen Metropole auch als Sprachkurs und Vorbereitungsphase für den Sprung über den großen Teich. Seit seiner Kindheit träumt Bernhard Diers von Südamerika. Bis heute ist es ein Traum geblieben und Südamerika aus beruflichen und privaten Gründen immer wieder in weite Ferne gerückt. Dafür hat Bernhard Diers in Deutschland Karriere gemacht. Ein wesentlicher

Meilenstein sind die Jahre in den „Schweizer Stuben" in Wertheim. Das Zepter in einem der damals besten Restaurants Deutschlands schwingt 1983 Dieter Müller, ein freundlicher und perfekt organisierter Meisterkoch, der Teamgeist pflegt und sich gerne über die Schulter schauen lässt und an dessen Seiten das Kochen zur faszinierenden Entdeckungsreise durch die Welt des guten Geschmacks wird. Spiritus Rector und Gründer der „Schweizer Stuben" ist Adalbert Schmitt, ein ambitionierter Gastronom und ein leidenschaftlicher Feinschmecker, dessen Engagement und Einsatz für die Ausbildung von Köchen die deutsche Gourmet-Küche entscheidende Schritte nach vorne gebracht hat. Schmitt ist eine beeindruckende Persönlichkeit die motivieren kann, fordert und gibt. Bernhard Diers festigt unter Schmitt und Müller nicht nur sein Profil und bekommt seinen handwerklichen Feinschliff, sondern lernt auch Führungsqualitäten kennen, die Offen-

BERNHARD DIERS

Kochende Erfahrungen

Der Wechsel nach München zu Eckart Witzigmann ins legendäre Restaurant „Aubergine" ist eine weitere wichtige Erfahrung für Diers, der hier die Spontanität eines genialen Kochs und Lehrmeisters erlebt. Witzigmanns Küche arbeitet akribisch exakt, der Meister verlangt absolute Präzision und immer erstklassige Qualitäten vom Produkt bis zum fertigen Gericht. Auch beim Personalessen gibt es keine Abstriche, alles was vom Herd kommt, muss den hohen Anforderungen von Witzigmann genügen. Und dessen Messlatte liegt hoch, es ist das Privileg eines außergewöhnlichen Talents. Im Jahre 1986 kehrt Bernhard Diers in den Schwarzwald zurück und wird Souschef im Hotel „Colombi" in Freiburg. Es werden gute und lehrreiche Jahre und das Colombi wird seine vorerst letzte Station als angestellter Koch, bevor er sich 1990 in die Selbständigkeit wagt. Zusammen mit seiner Frau Susanne, die aus einem bayerischen Gastronomiebetrieb stammt und ihm schon während der Lehr- und Wanderjahre wichtigste Stütze ist, eröffnet Diers das „Historische Gasthaus Schwanen" in Haigerloch. Das aufwendig renovierte Haus wird schnell zur bekannten Gourmet-Adresse und Diers erkocht sich mit seiner durchdachten und perfekt arrangierten „Grande Cuisine" die ersten begehrten Michelin-Sterne. Es folgen weitere Auszeichnungen einschlägiger Restaurant-Führer, Bernhard Diers ist auf dem Sprung in den Olymp der Kochkunst. Zehn Jahre bleiben er und seine Familie in Haigerloch, als der Pachtvertrag ausläuft, kommt ein interessantes Angebot aus München. Bernhard Diers soll als Geschäftsführer und Küchenchef das Restaurant „Marstall" leiten und er schlägt ein. Sein Erfolg setzt sich in München fort, das schicke Restaurant auf der Maximilianstraße etabliert sich unter seiner Leitung schnell in der Spitzengruppe deutscher Restaurants. Eigentlich stimmte alles im Marstall und die Gäste waren voll des Lobes. Doch eines Tages wurde das Restaurant geschlossen, die Eigentümer hatten es so beschlossen. Für Bernhard Diers kam das Aus in München relativ überraschend und er hatte zunächst keine Idee, wie und vor allem wo es mit seiner Kochkunst weitergehen sollte. Etwas Eigenes machen und den schwierigen Schritt in die Selbständigkeit wagen?

Gourmet-Bühne Zirbelstube

Bernhard Diers ist unsicher, doch als ihm Thomas H. Althoff vorschlägt, in seine Hotelgruppe

Eine kompetente Weinauswahl begleitet das kulinarische Angebot von Bernhard Diers

Feintuning am Teller:
Jedes Gericht wird von
Diers und seinem Team
präzise angerichtet

einzusteigen und das Gourmet-Restaurant im Hotel am Schlossgarten in Stuttgart zu übernehmen, sagt er Althoff zu. Diers schätzt die Professionalität von Thomas H. Althoff, der seinen Köchen genügend Spielraum und Freiraum lässt, ihre Stile und Eigenarten akzeptiert und ihnen in seinen Hotels eine passende Bühne garantiert. Seit 2002 ist die Zirbelstube die Bühne von Bernhard Diers und seinem Team, darauf legt der Meister besonderen Wert. Denn Küche ist für ihn immer ein Gesamtkunstwerk, angefangen bei der Crew, die unter zeitlicher Anspannung wie ein Uhrwerk funktionieren muss, bis zu den Arrangements auf den Tellern, die aus mehreren Komponenten zusammengefügt sind, die wie die Rädchen in der Uhr das Ganze in Bewegung setzen und die Dynamik ausmachen. Mit seinem Souschef Carsten Neutmann hat Bernhard Diers eine wichtige Stütze zur Seite, die seine Denke und seine Ansprüche kennt und mit seinem Stil vertraut ist. Die Kreationen, die Bernhard Diers und seine Köche auf die Teller bringen, sind dynamisch, sind wie Wellness für den Gaumen und die Sinne, durchdacht bis ins Detail und arrangiert aus besten Qualitäten. Das muss nicht kompliziert sein, denn das Gute liegt auch im Einfachen verborgen und es liegt sprichwörtlich so nah. Diers ist immer auf der Suche nach Produzenten, die individuelle Qualität produzieren, und was er aus dem ländlichen Umfeld von Stuttgart bekommen kann, nimmt er gerne in seinen Gerichten auf. Er denkt ganzheitlich, ökologisch und verantwortungsbewusst, ein Koch, der seine ausgefeilte „Grande Cuisine" als Möglichkeit sieht, auch eine Produkt-Kultur wieder ins Bewusstsein der Gäste zu bringen und zu zeigen, dass Essen dann eine zugängliche Kunst ist, wenn es unweigerlich genüssliche Gefühle auslöst. Bernhard Diers „Grande Cusine" ist der beste Beweis dafür, dass es funktioniert.

Teamarbeit unter Hochdruck,
aber immer in guter Stimmung

24

Stuttgart

Unter den Metropolen Deutschlands ist Stuttgart so etwas wie die große Unbekannte, mit rund 600 000 Einwohnern zwar die größte Stadt Baden-Württembergs und politisches Zentrum des Landes, aber in der Wahrnehmung als Großstadt eher zurückhaltend und schwäbisch bescheiden. Dabei hat Stuttgart einiges an historischer Bausubstanz zu bieten, verfügt über ein renommiertes Staatstheater mit Schauspiel, Ballett und Oper, eine weit über die Stadtgrenzen hinaus bekannte Staatsgalerie und Kunstakademie, bedeutende Museen und ist nicht zuletzt Heimat zweier weltberühmter nobler Automarken, die nicht nur Geschichte geschrieben haben, sondern zu den begehrtesten Produkten Deutschlands gehören.

Vom Gestüt zur Stadt

Bevor Stuttgart aus dem Dunkel der Geschichte auftauchte, stand es lange Zeit im Schatten des nahen Cannstatt, heute der einwohnerstärkste Stadtbezirk der Landeshauptstadt, das bereits zur Römerzeit strategische Bedeutung erlangte. Erst mit der Gründung eines „Stuotgarten" in einer Talerweiterung des Nesenbachs entsteht rund um das Gestüt eine Siedlung, aus der die Stadt Stuttgart hervorgeht, die im 13. Jahrhundert an die Grafen von Württemberg kommt. Geschützt von Stadtmauern und Befestigungen entwickelt sich Stuttgart zum Zentrum des württembergischen Territorialstaates, die wirtschaftliche Grundlage der Stadt bestimmen Weinbau und Handwerk. Das „Alte Schloss" ist neben der benachbarten Stiftskirche das älteste erhalten gebliebene Bauwerk aus dieser Zeit. Im 15. Jahrhundert erlebt die Stadt eine rege Bautätigkeit, neben dem Münzgebäude entsteht das gräfliche Herrenhaus, gleich daneben das bürgerliche Rathaus, die Stiftskirche wird erweitert, die Leonhardskapelle durch eine dreischiffige Anlage ersetzt und ein Dominikanerkloster gegründet, das nach der Reformation als Spital genutzt wird. Ende des 15. Jahrhunderts steigt die Grafschaft Württemberg zum Herzogtum auf und Stuttgart wird Herzogsresidenz. Doch die kommenden Jahrzehnte sind von Unruhen, Kriegen und Reformation gekennzeichnet und Stuttgart muss den Stürmen der Geschichte Tribut zollen. Erst in der Mitte des 16. Jahrhunderts entstehen neue Prachtbauten innerhalb der Stadtgrenzen: die Alte Kanzlei am heutigen Schillerplatz wird gebaut, unter Herzog Christoph wird das Alte Schloss zu einer vierflügeligen Anlage mit Arkadenhof umgestaltet und ein Lustgarten mit Lusthaus angelegt. Südlich des Alten Schlosses entsteht der „Neue Bau", der als Marstall und Rüstkammer genutzt wird und Mitte des 18. Jahrhunderts einem Brand zum Opfer fällt. Der Dreißigjährige Krieg bringt noch einmal Schrecken in die Stadt, mehrfach von kaiserlichen Truppen besetzt, leidet die auf weniger als die Hälfte dezimierte Bevölkerung unter Hunger und Seuchen. Einige

Jahre später rücken im pfälzischen und spanischen Erbfolgekrieg französische Truppen in Stuttgart ein. Nur langsam erholt sich die Stadt von dem Aderlass.

Literarisches Zentrum und Königreich

Eine neue Blüte des geistig-politischen Lebens erlebt Stuttgart unter der so genannten „Hohen Karlsschule", die 1781 von Kaiser Joseph I. zur Universität erhoben wurde. Zu ihren bedeutendsten Mitgliedern gehört der Dichter Friedrich Schiller, der hier sein Werk „Die Räuber" schreibt. Nur wenige Jahre später siedelt Schillers und Goethes Verleger Johann Friedrich Cotta von Tübingen nach Stuttgart um und macht damit die Stadt zu einem wichtigen Zentrum des deutschen Buchhandels und der deutschsprachigen Literatur. Ludwig Uhland, Wilhelm Hauff, Eduard Mörike, Friedrich Rückert, Ferdinand Freiligrath und Wilhelm Raabe leben als Autoren oder Redakteure der Cottascher Zeitschriften in Stuttgart, im Jahre 1849 wohnen rund 250 Schriftsteller in der Stadt am Neckar.

Mit Wirkung vom 1. Januar 1806 wird das Herzogtum Württemberg zum Königreich erhoben, das es bis zur Abdankung des letzten, in der Bevölkerung sehr angesehenen württembergischen Königs Wilhelm I. im November 1918 bleiben wird. Der erste König Württembergs, Friedrich I. beginnt mit dem Ausbau Stuttgarts als Königlicher Residenz. Zunächst werden die alten Stadtbefestigungen abgetragen und der Verteidigungsgraben zur königlichen Prachtstraße umgestaltet. Neue Verbindungswege wie die „Weinsteige" entstehen, dazu kommen Bauten wie das Wilhelmspalais, das Katharinenhospital, die Staatsgalerie, die Villa Berg, das Kronprinzenpalais und der Königsbau. Mit der aufkommenden Industrialisierung im 19. Jahrhundert und dem Anschluss Stuttgarts ans Eisenbahnnetz wächst die Zahl der Fabriken und der Einwohner kontinuierlich. Neben vielen Neugründungen in allen Sparten sind es vor allem die Firmen Bosch (gegründet 1886) und Daimler (gegründet 1890), die Stuttgart in der ganzen Welt bekannt machen.

Moderne Architektur

Der Bevölkerungszuwachs lässt den sozialen Wohnungsbau entstehen, das Postdörfle, das Eisenbahnerdörfle und die 1892 bis 1903 vom Verein für das Wohl der arbeitenden Klassen errichtete Kolonie Ostheim sind die ersten großen Stuttgarter Wohnsiedlungen. Das 20. Jahrhundert

gibt auch der Stadt ein neues Gesicht. Waren das zu Beginn des Jahrhunderts errichtete Theater und die Oper noch im Stil des Klassizismus gebaut, setzt die neue Architektur des Kunstgebäudes, der Erlöserkirche und des Hauptbahnhofs neue städtebauliche Akzente. Doch den endgültigen Durchbruch der Moderne markiert der in Sichtbeton errichtete Tagblatt-Turm von Ernst Otto Oßwald mit seinen 61 Metern und 18 Stockwerken und die Weißenhofsiedlung, eines der bedeutendsten Zeugnisse des „Neuen Bauens", das seit 1958 unter Denkmalschutz steht. Das Wohnprojekt für den modernen Großstadtmenschen entstand 1927 als Bauausstellung der Stadt Stuttgart und des Deutschen Werkbundes, die daran beteiligten Architekten wie Le Corbusier, Walter Gropius, Mies van der Rohe und Hans Scharoun zählen heute zu den bedeutendsten Meistern der modernen Architektur. Die Häuser dieser Architekten befinden sich in unmittelbarer

Nachbarschaft auf dem Weißenhof, im Jahre 2002 gelang es der Stadt Stuttgart das Doppelhaus von Le Corbusier zu erwerben, um darin das Weißenhofmuseum einzurichten.

Nach dem Zweiten Weltkrieg, in dem fast 60 Prozent der historischen Bausubstanz Stuttgarts im Bombenhagel zerstört wurden, begann der mühsame Wiederaufbau der Stadt. Der vorrangigen Schaffung von Wohnraum und der Berücksichtigung des zunehmenden Straßenverkehrs fielen noch einmal bedeutende Bauwerke zum Opfer. Im Jahre 1955 entstand mit der Schulstraße die erste Einkaufsstraße Deutschlands ausschließlich für Fußgänger, ein Jahr später wurden das „Neue Rathaus", die Liederhalle und der Fernsehturm eingeweiht, der mit 217 Metern die Stadt überragt und damals der höchste Turm in der gesamten Bundesrepublik war. Heute präsentiert sich Stuttgart als

*Stuttgart bietet eine
sehenswerte architektonische
Vielzahl aus mehreren
Jahrhunderten*

innovative moderne Großstadt in einem wichtigen wirtschaftlichen Ballungsraum mit all den Vor- und Nachteilen, die eine zunehmende Internationalisierung bringt. Doch die Stadt versucht mit einer behutsamen Sanierung ihr historisches Gesicht, wenn auch nicht vollständig, so doch eingepasst in die Bedürfnisse einer Gesellschaft des 21. Jahrhunderts, wiederzufinden, ohne dabei in das Kopieren einer vermeintlich „guten alten Zeit" zu verfallen. Das „Projekt 21" sieht völlig neue Verkehrslösungen für die Landeshauptstadt vor und plant die Verlegung des Hauptbahnhofs unter die Erde und die Bebauung der bisherigen Gleisanlagen mit städtebaulichen modernen Wohn- und Einkaufs-Konzepten.

Weinstadt Stuttgart

Ein Privileg hat sich Stuttgart über die Zeit und alle Baumaßnahmen gerettet, die baden-württembergische Landeshauptstadt ist seit Jahrhunderten Weinstadt geblieben. Die Weinberge reichen bis ins Stadtgebiet hinein, und das hat eine lange Tradition. Nachgewiesen wurde der Weinbau erstmals im Jahr 1108, als der Mönch Ulrich dem Kloster Blaubeuren Weinberge in Stuttgart schenkte. Noch im 17. Jahrhundert war die Stadt die drittgrößte Weinbaugemeinde im Heiligen Römischen Reich Deutscher Nation und bis ins 19. Jahrhundert war der Weinbau eine der Haupteinnahmequellen. Heute bewirtschaften sieben Weingärtnergenossenschaften, ein eigenes städtisches Weingut und zahlreiche private Winzer die Rebhänge in und um Stuttgart. Angebaut wird vor allem der traditionelle Trollinger, aber auch Rieslinge, Rivaner, Traminer und

Gelungene architektonische Symbiose zwischen
Klassizismus und Moderne

Burgundersorten stehen in den Weinbergen. Auch rund um den Wein gibt es in der Landeshauptstadt einiges zu sehen und zu erleben. Im städtischen Weinbaumuseum in Uhlbach erfahren die Besucher alles über die Weinbaukultur von der Römerzeit bis heute und der Stuttgarter Weinwanderweg führt vorbei an malerischen Hanglagen, idyllischen Plätzen, Aussichtspunkten und interessanten Sehenswürdigkeiten. Ende August treffen sich Weinliebhaber aus aller Welt im „Stuttgarter Weindorf", um in geselliger Runde ein „Viertele zu schlotzen" und über den neuen Jahrgang zu debattieren. Das ganze Jahr über locken die zahlreichen Besenwirtschaften zur Einkehr, in den urigen Weinstuben schenken die Winzer ihre eigenen Gewächse aus, natürlich nicht, ohne den Besucher auch mit den dazu passenden klassischen Stuttgarter oder schwäbischen Spezialitäten zu verwöhnen.

Spätzle und Co

Berühmt ist der „Stuttgarter Leberkäs", den es früher nur gab, wenn geschlachtet wurde. Heute ist die Spezialität ein Standardprodukt der Metzger im „Ländle", warm serviert mit schwäbischem Kartoffelsalat oder kalt auf einer deftigen Vesperplatte, gehört er in das kulinarische Portfolio der Württemberger. Auch die „Stuttgarter Schwarze", eine rote Kochwurst (Blutwurst) von fester Struktur mit tiefschwarzer Haut, gehört zur genüsslichen Stuttgarter Lebensart. Sie schmeckt zur Vesper mit einer Scheibe Brot und scharfem Senf, getrunken wird dazu ein kühles Bier und zum Verdauen hinterher ein „Schnäpsle". Eine besondere Delikatesse ist der so genannte „Schwarze Wurstsalat", für den klein geschnittene Schwarzwurst mit Essig, Öl und

Gewürzen als Salat angemacht wird. Während Leberkäse und Schwarzwurst eher für die rustikale Vesper vorbehalten bleiben, finden sich drei schwäbische Spezialitäten – wenn auch in etwas abgewandelter oder verfeinerter Zubereitung – auf den Tischen deutscher Spitzen-Restaurants wieder. Die Maultasche, von der behauptet wird, die Schwaben hätten damit die italienische Ravioli kopiert, vergrößert und die Füllung um ein paar Zutaten erweitert und verfeinert, kann geröstet, geschmälzt oder in der Brühe zubereitet werden, die einzelnen

Zubereitungsarten und die Art der Füllung sind äußerst vielfältig und lassen der Kreativität des Koches viel Spielraum. Dagegen sind die Spätzle etwas weniger variantenreich, dafür allein schon in ihrer Phonetik noch schwäbischer als die Maultaschen und zählen zum Fundament schwäbischer Küche. Eine erste urkundliche Erwähnung findet sich zwar im Jahre 1725, doch dürfte die Geschichte der „schwäbischen Teigware" weit älter sein. Spätzle werden sowohl als Beilage zu Fleischgerichten, Wild, Schmor- oder Sauerbraten mit Sauce

gereicht, aber auch als Hauptgericht in Form von klassischen „Kässpätzle" mit gerösteten Zwiebeln und frischem Schnittlauch serviert. Die längliche Teigwaren-Spezialität, die ihre Form durch das Schaben der Teigmasse vom Brett ins Kochwasser erhält, wird immer öfter auch als Walnuss-, Bärlauch-, Leber-, oder Spinatspätzle angeboten. Eine besondere Fleischspezialität, die heute in allen Gourmet-Küchen Deutschlands geschätzt wird, kommt vom Schwäbisch-Hallischen Schwein. Es stammt ausschließlich von Bauernhöfen, die

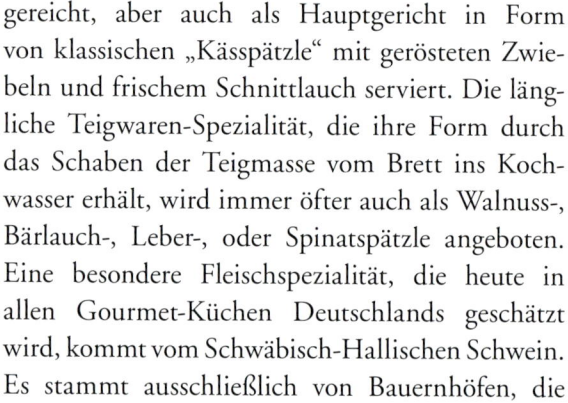

der Bäuerlichen Erzeugergemeinschaft Schwäbisch Hall angehören, die strenge Richtlinien für die Zucht der Schweine vorgibt. Artgerechte Haltung sind Voraussetzung, gentechnische Zuchtmethoden verboten. Nur die gesündesten Schweine mit bester Fleischqualität dürfen in die Zucht aufgenommen werden und für die Fütterung dürfen nur pflanzliche Mittel verwendet werden, die zu 80 Prozent aus Baden-Württemberg kommen. Tiertransporte sind nur zum Schlachthof in Schwäbisch Hall erlaubt. Sein etwas dunkleres Fleisch ist fest und verfügt über ein typisches, kräftiges Aroma, der naturbelassene Fettgehalt garantiert bei jeder Art der Zubereitung ein saftiges Gericht. Diese schweinische Delikatesse verdanken die Württemberger ihrem König Wilhelm I., der um 1820 chinesische Maskenschweine importieren ließ, um diese mit einheimischen Landrassen zu kreuzen. Das heutige Schwäbisch-Hallische Schwein entstand aus der Einkreuzung von englischen und Angeler-Sattelschweinen und ist seit 1998 als geschützte geographische Angabe bei der Europäischen Union eingetragen.

DEM TREUESTEN FREUNDE
SEINES VOLKES
KOENIG WILHELM
DEM VIELGELIEBTEN
WIDMEN DIE STAENDE WUERTTEMBERGS
DIESES DENKMAL
ZUR FEIER
SEINES XXV JAEHRIGEN
REGIERUNGS JUBILAEUMS
DEN XXX OCTOBER MDCCCXLI.

Kleinigkeiten zum Aperitif

Sushi von Roter Bete
Ananas-Garnelensandwich
Tapa „Strammer Max" vom Pata-Negra-Schinken
Getrocknete Kirschtomaten in Tempurateig
Cannelloni vom Lachs und Meerrettichmousse

Sushi von Roter Bete

mit Aal, Apfel-Wasabi und Ingwer

Für 4 Rollen à 100 g

Sushireis
225 g Sushireis (Nishiki-Reis)
200 ml kaltes Wasser
200 ml Rote-Betesaft

Gewürzmischung
75 g Reisessig Mizkan*
60 g Zucker
16 g Salz

Einlage
300 g geräuchertes Aalfilet
2 Äpfel
2 Noriblätter**
30 g eingelegter Ingwer
4–6 g Wasabi***

* japanischer Essig
** im Asiahandel erhaltlich
*** scharfer japanischer Meeretttich

1. Den Sushireis 10 Minuten unter fließendem kaltem Wasser wässern, abgießen und weitere 10 Minuten quellen lassen. Den Reis in den Kocher geben, mit Wasser und Rote-Betesaft übergießen und leicht verrühren. Den Reiskocher verschließen und den automatischen Garprozess starten.

2. In der Zwischenzeit Reisessig, Zucker, Salz miteinander verrühren. Nach Beendigung des Garens den Deckel abnehmen und Gewürzmischung einarbeiten. Den Reiskocher wieder verschließen und den Reis 7 Minuten quellen, ohne ein automatisches Programm zu starten. Anschließend den Sushireis auf ein Küchenblech (ca. 0,5 cm dick) aufstreichen, mit Klarsichtfolie abdecken und kühlen.

3. Das Aalfilet in 0,5 cm breite und 20 cm lange Balken schneiden. Die Äpfel schälen und in der gleichen Stärke und Länge vorbereiten. Ein halbes Noriblatt auslegen, Apfel und Aal im unteren Drittel vom Blatt eng aneinander gelegt auflegen. Die Enden vom Noriblatt mit wenig Wasser anfeuchten und einlagig um die Einlage wickeln. Alle vier Rollen vorbereiten.

4. Sushireis zu einer Platte von 10 cm x 20 cm zuschneiden. Das Wasabi auf eine Palette geben, vorsichtig dosiert, im ersten Drittel der Reismatte aufstreichen und den Ingwer einlagig auf das Wasabi verteilen. Die Noriblattrolle auflegen und mit Hilfe der Bambusmatte eine Sushirolle herstellen. In gewünschter Stärke portionieren.

Ananas-Garnelensandwich

mit Gemüse-Nems

1. Das gut gekühlte Garnelenfleisch in feine Würfel schneiden und in eine Schüssel geben, die auf einem Behältnis mit Eiswürfeln steht. Alle sorgfältig vorbereiteten Zutaten zugeben, würzen, mit zwei Gabeln kurz, aber gründlich vermengen und auf die Seite stellen.

2. Die Ananas in drei Millimeter dicke Scheiben schneiden, diese mit einem 3 cm großen Ausstecher ausstechen. Für jedes Sandwich benötigt man zwei Ananasscheiben.

3. Aus den Abschnitten der Ananas einen Sud kochen. Dafür den braunen Zucker karamellisieren, Ingwer beifügen, mit Zitronensaft ablöschen, die Ananasabschnitte beifügen und anschwitzen. Mit Weißwein übergießen, reduzieren und mit Wasser oder Ananassaft auffüllen. Die Gewürze zugeben und alles 25 Minuten bei geringer Hitze kochen. Durch ein Spitzsieb passieren, den Sud wiederholt aufkochen und die vorbereitete Ananas darin marinieren. Dies ist eine Arbeit, die gut am Vortag organisiert werden kann.

4. Die Garnelenmasse abschmecken und eventuell nachwürzen. In einer beschichteten Pfanne kleine Burger von 4 cm Durchmesser und 0,8 cm Höhe saftig in Olivenöl braten.

ergibt 28 Burger à 10 g

200 g Salzwasser-Garnelenfleisch
30 g Schalottenwürfel
20 g rote Paprika, geschält und gewürfelt
30 g Gemüsewürfel, angebraten (Karotte, Staudensellerie, Lauch)
1 Msp Ingwer, frisch gerieben
1 Limettenblatt, sehr fein geschnitten
1 Eiweiß
Salz
weißer Pfeffer aus der Mühle
Curry
Limettenabrieb
sehr wenig fein geriebener Ingwer und Knoblauch
Pernod, Noilly Prat
Sesamöl
Ananas

1 Ananas (möglichst Flugware), sauber geschält
60 g brauner Zucker
50 ml Zitronensaft
600 g Ananasabschnitte
60 g Ingwer, geschält
120 ml Weißwein
300 ml Wasser
1 Chilischote, längs halbiert ohne Kerne
1 Vanilleschote
2 Sternanis

Tapa „Strammer Max" vom Pata-Negra-Schinken

mit gebratenem Wachtelei

Zutaten für 24 Stück

1 Toastbrot, ungeschnitten
4 hauchdünne Scheiben Pata-Negra-
Schinken in der Größe des Toastbrots
200 g Pata-Negra-Schinken,
in sehr feine Streifen geschnitten
24 Wachteleier

1. Die Rinde vom Toastbrot abschneiden. Das Brot in acht dünne Scheiben schneiden. Vier Scheiben davon ausbreiten und mit dem Schinken belegen, mit je einer weiteren Toastbrotscheibe den Schinken abdecken. In Dreiecke schneiden, so dass aus jedem Toast sechs Ecken werden.

2. Ein Küchenblech mit Backpapier auslegen, die Ecken nebeneinander legen, mit einem zweiten Backpapier abdecken und das Gesamte mit einem möglichst kleinen Küchenblech beschweren. Im auf 170 °C vorgeheizten Backofen schieben und goldbraun backen.

3. Die knusprigen Ecken vom Küchenblech nehmen und auskühlen lassen. Auf dem breiten Teil den fein geschnittenen Schinken kreisrund anrichten. Das Wachtelei aufschlagen und in einer beschichteten Pfanne in wenig brauner Butter braten. Das Ei auf den Schinken setzen, leicht salzen und sofort servieren.

Anmerkung

Die knusprigen Tapas kann man rechtzeitig vorbereiten, nur wenn die Spiegeleier aufgesetzt werden, sollten sie sofort verzehrt werden. Lässt sich auch hervorragend mit anderen Schinkensorten variieren.

Getrocknete Kirschtomaten in Tempurateig

mit Basilikum-Dip

Für 4 Personen

Kirschtomaten
(müssen vier Stunden trocknen)
32 Kirschtomaten an der Rispe
5 Thymianzweige
3 Rosmarinzweige
2 Knoblauchzehen
Salz, Pfeffer aus der Mühle
Puderzucker
bestes Olivenöl, nicht zu
sparsam verwenden

Basilikum-Dip
150 g Philadelphia Frischkäse
30 g Milch
10 g Pinienkerne, fein gehackt
40 g Basilikum-Pesto
Salz
weißer Pfeffer aus der Mühle
1 EL Tomatenöl
1 EL Olivenöl

Tempura-Teig
75 g Weizenmehl
60 g Speisestärke
6 g Backpulver
Selleriesalz, Zucker,
weißer Pfeffer, gemahlen
1 TL Erdnussöl
1 TL geröstetes Sesamöl
1 TL Tomatenöl
150 ml geeistes Tomatenwasser
oder Eiswasser
Fett zum Ausbacken

1. Die Tomaten waschen und, wenn möglich, den Blütenstil, kurz geschnitten, an der Tomate lassen. Die Oberfläche leicht einritzen, für 3 Sekunden ins kochende Wasser tauchen und sofort im Eiswasser abschrecken. Die Tomatenhaut kann jetzt abgezogen werden. Jede Tomate für sich sorgfältig auf ein mit Olivenöl eingepinseltes Blech legen. Die Gewürze fein geschnitten oder grob gezupft darüber verstreuen und bei 80 °C bis 90 °C für etwa 4 Stunden im Backofen bei offener Ofentür trocknen. Die Tomaten aus dem Ofen nehmen und auskühlen lassen.

2. Den Philadelphia-Käse in eine Schüssel geben und mit der Milch geschmeidig rühren. Alle Gewürze zugeben, verrühren und mit dem Basilikum-Pesto abschmecken.

3. Alle Zutaten miteinander zu einem leicht dickflüssigen Teig rühren und passieren. Das Wichtigste an diesem Teig ist, dass er kalt ist, deshalb möglichst auf eine Schüssel mit Eis stellen.

4. Die Kirschtomaten vom restlichen Öl abtropfen lassen, leicht mit Speisestärke bestäuben, mit Hilfe eines Holzspießes durch den Teig ziehen und in dem auf 180 °C erhitzten Fett goldgelb ausbacken. Die Tomaten zum Entfetten auf ein Küchenpapier setzten. Zum Anrichten den Dip auf einen Löffel geben, die Tomate aufsetzen und garnieren.

Cannelloni vom schottischen Lachs und Meerrettichmousse

auf Bâtonnets von Muskatkürbis

1. Muskatkürbis in Keile schneiden, schälen. Dann in Balken von 0,5 cm x 0,5 cm x 3 cm schneiden und beiseite stellen. Für die Marinade alle Zutaten mit einigen Kürbisabschnitten ca. 20 Minuten auf kleinster Flamme kochen. Passieren, den Fond wiederholt aufkochen, geschnittenen Muskatkürbis beigeben und wenige Minuten bissfest garen. In Einweckgläsern einige Tage durchziehen lassen.

2. Für den marinierten Lachs Salz, Zucker und Pökelsalz mischen, Gewürze hinzufügen, mit dem Messer zerkleinern. Die Hälfte der Würzmischung auf einem Blech verteilen und die Hälfte des Dills darüberstreuen. Den Lachs mit der Hautseite auf die Würzmischung legen, mit dem übrigen Dill und Würzmischung bedecken. Alles gut andrücken und mit Folie abdecken. Den Lachs mit einem zweiten Blech beschweren und so ca. 12 Stunden kühl stellen, dann wenden und weitere 12 Stunden marinieren. Anschließend gründlich mit kaltem Wasser abspülen und nach Möglichkeit noch einen Tag ruhen lassen.

3. Für die Mousse Meerrettich, Sauerrahm und Crème fraîche verrühren und mit den Gewürzen abstimmen. Die eingeweichte Gelatine gut ausdrücken und im warmen Wasserbad auflösen. Einen Teil der Grundmasse in die warme Gelatine geben und gut verrühren. Beide Massen zusammenführen und auf Körpertemperatur abkühlen lassen. Die Sahne unterheben und kühl stellen.

4. Für die Lachsroulade Lachs vom Kopf zum Schwanz in dünne Scheiben schneiden und nebeneinander auf einer Folie zu einer geschlossenen Fläche von 20 cm x 10 cm auslegen. Die gestockte Meerrettichmousse mit einer 15 cm großen Lochtülle im unteren Drittel der Lachsscheiben aufspritzen. Alles in Folie einwickeln, um die Mousse wickeln und die entstandene Rolle auf dem Tisch rollen, damit sich die Rolle schön formt. Für mindestens zwei Stunden kühl stellen. Den Lachs mit der Folie in die gewünschte Form schneiden und auf dem eingelegten Kürbis platzieren.

Für 4 Personen

Muskatkürbis eingelegt
(muss einige Tage ziehen)
1 kg Kürbis
100 g Zucker
Meersalz
30 ml Champagneressig
40 ml Melfor-Essig
40 ml Orangensaft
330 ml Brühe
½ Zimtstangen
2 Nelken
4 Pfefferkörner
1 TL Koriander
50 g Ingwer
½ Zitronengrasstängel
½ Lorbeerblatt
1 TL Senfkörner

Marinierter Lachs
(braucht 48 Stunden Ruhezeit)
1 kg Lachsfilet mit Haut
100 g Salz
100 g Zucker
50 g Pökelsalz
1 EL schwarze Pfefferkörner
1 EL weiße Pfefferkörner
1 EL Senfsaat
1 EL Koriandersaat
1 EL Wacholderbeeren
1 sehr großer Bund Dill,
fein geschnitten

Meerrettichmousse
(muss zwei Stunden kühlen)
50 g scharfer Meerrettich
aus dem Glas
150 g Sauerrahm
100 g Crème fraîche
3,5 Bl eingeweichte Gelatine
Salz, Zitrone, Tabasco, Zucker
60 g geschlagene Sahne

Amuse bouche

Pochiertes Kalbsfilet im Gänsestopflebermantel
Carpaccio vom Straußenfilet
Kaninchenkotelett mit Ratatouille
Mille feuille von Jakobsmuschel
Fenchelcocktail mit Karotten-Fencheltatar

Pochiertes Kalbsfilet im Gänsestopflebermantel

mit warmem Selleriemousse in Trüffelvinaigrette

1. Das Kalbsfilet salzen und pfeffern. Ein Stück Folie mit weicher Butter ausstreichen und die zerkleinerten Kräuter darauf verteilen. Fleisch darin einrollen, nochmals Aluminiumfolie darumwickeln, für 25 bis 30 Minuten bei 80 °C backen. Anschließend auskühlen lassen. Gänsestopfleber der Länge nach in ca. 0,3 cm dicke Scheiben schneiden und lückenlos auf eine Folie legen. Die Gänsestopfleber mit Salz und Pfeffer würzen, mit den reduzierten Weinen einpinseln. Mit Folie abdecken, mit einem Rollholz glätten. Mit Cognac beträufeln, das Kalbsfilet darauf legen, die Gänsestopfleber mit Folie um das Kalbsfilet wickeln.

2. Für die Mousse Knollensellerie schälen, in kleine Stücke schneiden, mit Zitrone einreiben, sehr weich garen. Sellerie in ein Tuch geben und das Wasser abdrücken, dieses nach Möglichkeit auffangen. Den noch sehr heißen Sellerie mit der kalten Butter in der Küchenmaschine pürieren. Das Püree muss glänzen und absolut fein püriert sein. Nachschmecken mit Salz, etwas Zucker und Pfeffer aus der Mühle.

3. Die Schalotten und den Staudensellerie fein würfeln. In einer Pfanne das Keimöl erhitzen, die Schalotte mit dem Sellerie, den Steinpilzen und den Gewürzen ohne Farbe anschwitzen. Mit Portwein und Madeira ablöschen, um die Hälfte reduzieren, mit Selleriewasser oder der Geflügelessenz auffüllen. Bei kleiner Hitze 10 Minuten köcheln und anschließend den Sud passieren. Die Butter aufschäumen (Nussbutter), den fein gewürfelten Trüffel für wenige Sekunden darin anschwitzen, mit dem Cognac ablöschen und in den Sud geben. Mit Balsamico abschmecken, die Öle einrühren und nachschmecken. An einem warmen Ort aufbewahren.

4. Das Kalbsfilet in 1,5 cm breite Scheiben schneiden und mittig auf einem Teller anrichten. Das Selleriepüree in kleinen Tupfen um das Filet spritzen, die Vinaigrette zugeben. Mit frischen Blüten und gebackenen Sellerieblättern dekorieren.

Für 4 Personen

Pochiertes Kalbsfilet
150 g Kalbsfilet ohne Kopf
und Spitze, sauber pariert
Salz, Pfeffermühle,
fein geschnittenes Lorbeerblatt
gezupfter Thymian
Blattpetersilie
Butter
70 g Gänsestopfleber
reduzierter Portwein, rot
reduzierter Madeira
frischer Cognac

Selleriemousse
100 g Sellerie
40 g Butter
Salz, weißer Pfeffer aus der Mühle
Zucker, Muskat

Trüffelvinaigrette
10 g Maiskeimöl
20 g Schalotten
10 g Staudensellerie
25 g Steinpilze, frisch
oder 5 g getrocknet
wenig Lorbeer, Thymian,
Sellerieblätter
Salz, Zucker, Pfeffer aus der Mühle
25 ml Madeira
50 ml roter Portwein
75 ml Selleriewasser
oder Geflügelessenz
4 ml weicher Balsamico,
mindestens 10 Jahre alt
15 g Traubenkernöl
5 ml Walnussöl
10 g Butter
15 g Périgord-Trüffel
10 g Cognac

Carpaccio vom Straußenfilet

gefüllt mit Selleriesülze in Balsamico-Vinaigrette

Für 4 Personen

150 g Straußenfilet, sauber pariert

Selleriesülze
150 ml Geflügelessenz
75 g Staudenselleriewürfel
25 g Karottenwürfel
½ EL weißer Balsamico
1 Thymianzweig
½ Knoblauchzehe
½ kleines Bund Blattpetersilie
2 Blätter Gelatine
1 ½ EL reduzierten weißen Portwein
1 EL reduzierten Madeira
40 g Apfelwürfel
etwas Calvados
50 g marinierte Gänsestopf-
leberwürfel
Pfeffermühle, Salz, wenig Zucker

Balsamico-Vinaigrette
Keimöl
15 g Schalotten
¼ Knoblauchzehe
10 g Selleriewürfel
10 ml alter Balsamico
10 ml junger Balsamico
50 ml Geflügelessenz
15 ml Geflügeljus
30 g reduzierter Portwein
5 g reduzierter Madeira

10 ml Walnussöl
25 ml Olivenöl

1. Für die Sülze Staudensellerie, Karotten und Äpfel schälen und anschließend jede Sorte für sich fein würfeln. Geflügelessenz aufkochen, Knoblauch, Gemüseabschnitte und Apfelschale in die Essenz geben, aufkochen. Kräuter und weißen Balsamico zugeben, würzen, zudecken und auskühlen lassen. Den Auszug passieren, aufkochen, Sellerie- und Karottenwürfel darin blanchieren. Die in kaltem Wasser eingeweichte Gelatine gut ausdrücken und in dem noch heißen Auszug auflösen. Mit Portwein und Madeira abschmecken. Apfelwürfel kurz in einer Pfanne schwenken, mit Calvados ablöschen und mit den Gänsestopfleberwürfeln in die Sülze geben. Vorsichtig verrühren und nachschmecken. Sülze in kleine Förmchen füllen und auskühlen lassen. Sobald die Sülze fest ist, aus der Form stürzen und bis zur Verwendung kühl stellen.

2. Für die Vinaigrette Schalotten, Knoblauch und Sellerie in wenig Keimöl farblos anschwitzen, Geflügelessenz und Jus beigeben. 10 Minuten köcheln, anschließend passieren und auskühlen lassen. Alle weiteren Zutaten sorgfältig einrühren. Mit Salz, wenig Zucker und weißem Pfeffer aus der Mühle würzen.

3. Das Straußenfilet in 20 dünne Scheiben schneiden und zwischen zwei Folien mit Hilfe eines Plattiereisens so dünn wie möglich klopfen. Jede Scheibe mit der Vinaigrette einpinseln. Die Sülze in der Mitte von einer Scheibe setzen und mit einer zweiten Scheibe abdecken. Mit einem Ausstecher den unschönen Teil abtrennen. Das fertige Carpaccio auf einen Teller setzen und mit Lauchstroh und feinen Kräutern servieren.

Kaninchenkotelett mit Ratatouille

und Kräuterpolenta

1. Für die Kaninchensauce gesalzene Karkassen knusprig braun rösten. Gewürze und vorbereitetes Gemüse auf den Knochen verteilen, im vorgeheizten Ofen bei 180 °C braun braten. Geviertelte Tomaten beigeben, trocken schmoren. Mit Weißwein ablöschen, reduzieren, bis die Pfanne trocken ist. Knochen mit kaltem Wasser aufgießen und für 1 ½ Stunden köcheln lassen. Fein passieren und einkochen.

2. Für das Ratatouille alle Gemüse in feine Würfel schneiden. Die Abschnitte für den Saucenansatz zurück behalten. Die Tomaten schälen, vierteln und entkernen. Schalotten fein würfeln, in Olivenöl anschwitzen. Zerkleinerte Gemüseabschnitte beigeben, salzen und pfeffern und bei geringer Hitze schmoren. Wenn der Schmorfond eingekocht ist, mit frischem Tomatensaft auffüllen. Nach fünf Minuten passieren, zu einer püreeartigen Konsistenz einkochen.

3. Das gewürfelte Gemüse in einem Topf mit großer Oberfläche angebraten, würzen und mit Tomatenwürfeln abbinden. Kurz vor dem Servieren frisch geschnittenen Basilikum, gehackten Rosmarin und das Tomatenconcassé einrühren und direkt servieren.

4. Für das Kotelett Kaninchenrücken auslösen, schön sauber putzen. Dabei das Fleisch nach jeder dritten Rippe durchschneiden, mittleren Knochen stehen lassen und die äußeren abschneiden. Kotelette leicht plattieren und in Nussbutter wenige Minuten braten. Zerkleinerte Kräuter und Knoblauch hinzufügen.

5. Für die Polenta Geflügelbrühe, Butter und Gewürze aufkochen. Grieß einrieseln lassen, 3–4 Minuten köcheln. Mit Parmesan und Kräuterpaste verfeinern, geschlagene Sahne unterheben und servieren.

6. Wan Tan Blätter ausstechen. Vor dem Backen Flaschenkorken auf einen Spieß stecken. Fett auf 180 °C erhitzen, Blätter einzeln in Fett legen, sofort den Korken in die Mitte des Teigblattes drücken und dreißig Sekunden festhalten. Der so entstandene Korb fällt anschließend automatisch ab. Ratatouille als Ring auf einen Teller geben, Kotelett auf das Ratatouille setzen. Die Kräuterpolenta in das Wan Tan-Körbchen geben und mit Jus umgießen.

Für 4 Personen

Kaninchensauce
Öl zum Anbraten, ½ kg Kaninchenkarkassen, 70 g Zwiebeln, grob zerkleinert, 30 g Staudensellerie, grob zerkleinert, 8 g Knoblauch, frisch geschält, 40 g Champignons 100 g frische Tomaten geviertelt 3 g Meersalz

Gewürzmischung
2 g weiße Pfefferkörner, 1 g schwarze Pfefferkörner, 1,5 g Korianderkörner, 2 Nelken

Kräutermischung
(1,5 Std. Kochzeit)
1 Lorbeerblatt, fein geschnitten, 2 g Rosmarin, grob gezupft, 2 g Thymian, grob gezupft, 250 ml Weißwein 1,2 l Wasser

Ratatouille
1 rote Paprika, 1 gelbe Paprika
1 grüne Paprika, 1 Zucchino
1 Aubergine, 2 kleine Schalotten
Olivenöl, ½ Knoblauchzehe
die zerkleinerten Gemüseabschnitte
Rosmarin, Thymian, Lorbeer,
Saft von Dosentomaten

2 Basilikumblätter, etwas Rosmarin

3 reife Tomaten

1 Kaninchenrücken
Rosmarin, Thymian, Knoblauch

Kräuterpolenta
150 ml Geflügelbrühe, 15 g Butter
Salz, Pfeffer, Muskat, 60 g Maisgrieß
10 g Parmesan frisch gerieben
10 g Kräuterpaste oder Püree
1 EL Olivenöl, geschlagene Sahne
4 Wan Tan Blätter
Frittierfett

Mille feuille von Jakobs-muschel und Langustino

und Kohlrabi mit Bananen-Vinaigrette

1. Die Schalotte sehr fein würfeln und kalt waschen. Die weiteren Zutaten ebenfalls sehr fein zerkleinern, den Ingwer reiben. Alles miteinander zu einer Vinaigrette verrühren.

2. Das Muschelfleisch, Zuckerschoten, Schnittlauch und den Estragon in feine Würfel oder Röllchen schneiden und in eine Schüssel geben, die in einem Eisbad steht. Alle weiteren Zutaten hinzufügen, mit zwei Gabeln und wenigen Handgriffen verarbeiten, anschließend kühl stellen. Vor dem Anrichten nachschmecken.

3. Kohlrabischeiben in Wasser mit etwas Safran weich blanchieren. Langustinenfleisch in dünne Scheiben schneiden, kreisrund auf 8 Stück Kohlrabischeiben legen und mit der Marinade einpinseln.

4. Einen 2,5 cm Ring mit Tortenfolie auslegen. Zuerst als Boden eine Scheibe marinierte Kohlrabi, dann Jakobsmuschel-Tatar, Kohlrabi mit Langustine und wieder Kohlrabischeiben auflegen. Kühl stellen und mit etwas Forellenkaviar und thailändischem Schnittlauch dekorieren.

Für 4 Personen

Bananen-Vinaigrette
1 Schalotte
½ Limettenblatt
Abrieb von 1 Limette
12 g Limettensaft
12 g weißer Balsamico
⅛ milde Chilischote
2 g Ingwer
¼ Knoblauchzehe
12 g Bananensaft
5 g Sojasauce
3 g Fischfond
12 g entkerntes Olivenöl
25 g Limettenblätteröl
50 g Bananen, gewürfelt
5 Korianderblätter
Salz, Zucker, Koriander

Jakobsmuschel-Tatar
100 g Jakobsmuschelkerne
5 g Zuckerschotenwürfel
½ TL Schnittlauchröllchen
¼ TL fein geschnittener Estragon
3 ml Limettensaft und Abrieb
5 ml Olivenöl
3 ml reduzierter Noilly Prat
Salz, Pfeffer aus der Mühle

Mille-feuille-Blätter vom Kohlrabi
12 Kohlrabischeiben
etwas Safran
4 große Langustinenschwänze, ohne Schale
10 ml Limettensaft
1 Limettenblatt, fein geschnitten
¼ Chilischote, fein geschnitten
Salz, Zucker, weißer Pfeffer aus der Mühle
15 ml Olivenöl

Fenchelcocktail mit Karotten-Fencheltatar

Für 4 Personen

Fenchelgelee
(ergibt 800 ml Fenchelsud)
25 g Schalotten
70 g Karotten
200 g Fenchel
Olivenöl
Filets und Schale von ½ Orange
1 Tomate
½ Knoblauchzehe
2 g Pfefferkörner
½ Msp Safran
1 ½ Lorbeerblätter
1 TL Thymian
30 g Pernod
75 ml Weißwein
25 ml Noilly Prat
800 ml Gemüsebrühe
75 ml Orangensaft
6 Blätter Gelatine

Orangenfilets, klein geschnitten
Orangenabrieb
1 Fenchel, gewürfelt und
im Sud blanchiert
2 Karotten, gewürfel und
im Sud blanchiert

Karotten-Fencheltatar
1 Karotte
½ Fenchel
etwas Zucker
etwas Meersalz
etwas Olivenöl
Abrieb ½ Orange
½ EL Crème fraîche
Salz, roter Pfeffer
Fenchelgrün, fein geschnitten

1. Für den Fenchelcocktail Schalotten, Karotten und Fenchel schälen und in feine Scheiben, die Karotte in grobe Stücke schneiden. In einer heißen Pfanne die Schalotten mit Olivenöl glasig anschwitzen, Karotten und Fenchel beigeben, kurz dünsten, Orangenfleisch und Saft, Tomate und Gewürze hinzufügen und in der angegebenen Reihenfolge ablöschen. Alles gut reduzieren, mit Gemüsebrühe und Orangensaft auffüllen, kurz aufkochen, ca. 5 Minuten köcheln, den Topf mit einem Deckel verschließen und bei geringer Hitze ca. 30 Minuten ziehen lassen. Den Sud passieren und sofort die eingeweichte Gelatine unterrühren. Den Orangenabrieb, Fenchel- und Karottenwürfel sowie Orangenfilets in vorbereitete Martinigläser verteilen, mit Fenchelgelee aufgießen und kühlen.

2. Für das Tatar Gemüse putzen, waschen, halbieren und in ein hitzebeständiges Küchengeschirr legen. Mit Zucker und Meersalz bestreuen, mit Olivenöl beträufeln, mit Alufolie abdecken und im Ofen bei 160 °C ca. 45 Minuten weich schmoren. Das Gemüse auskühlen lassen und anschließend in feine Würfel schneiden, mit Crème fraîche abbinden, mit Salz, rotem Pfeffer und frischem Fenchelgrün abschmecken.

3. Das Gemüsetatar mit einem Esslöffel zu Nocken abstechen und auf das Gelee legen. Mit etwas klein geschnittenem Fenchelgrün und nach Geschmack mit rotem Pfeffer dekorieren.

Vorspeisen

Marinierte Gänsestopfleber mit Périgord-Trüffel
Spargel-Salat mit Hummer und Jakobsmuschel
Dreierlei von der Pelati-Tomate
Tranche vom Lachs in Limettenblätter-Vinaigrette
Gefüllte Artischocke mit Ratatouille

Marinierte Gänsestopfleber mit Périgord-Trüffel

Sellerie und Äpfeln im Schokoladensamt mit Pistazienpesto

Für 4 Personen

Karamell
50 ml Wasser
50 g Zucker
1 Sternanis
½ Zimtstange
Calvados zum Ablöschen
100 ml Apfelsaft
4 g Orangenzesten
90 g Sellerie
90 g Äpfel
Salz, Pfeffer aus der Mühle
Calvados-Honig

Schokoladensamt
70 ml Wasser
70 g Zucker
2 Blätter Gelatine
100 g weiße Schokolade
50 ml Moscato d'Asti
50 g Crème fraîche
leicht salzen

Pistazienpesto
200 g marinierte Gänsestopfleber
25 g Trüffel
25 g Spinatpüree
45 ml Milch
5 g Zucker
15 g geröstete Pistazien
5 g kandierte Limettenschale
Salz

1. Zunächst den Karamell kochen. Dazu Wasser mit Zucker aufkochen, die Gewürze zugeben und einkochen, bis sich die Masse bernsteinfarben färbt. Mit Apfelsaft auffüllen, die Orangenzesten beigeben, leicht reduzieren und auf die Seite stellen. Die Äpfel und den Sellerie schälen, beim Apfel das Kerngehäuse entfernen und dann in dünne Scheiben schneiden. Die Apfelscheiben mit dem karamellisierten Apfelsud übergießen und wenige Minuten marinieren. In einer rechteckigen Form drei Schichten Selleriescheiben einschichten und dazwischen zwei Schichten Apfelscheiben. Alles leicht beschweren und im Ofen auf 160 °C trockener Umluft etwa 45 Minuten garen. Auskühlen lassen und in die gewünschte Form schneiden.

2. Für den Schokoladensamt den Zucker im Wasser aufkochen, die eingeweichte Gelatine ausdrücken und auflösen. Über die weiche Schokolade geben und verrühren. Die restlichen Zutaten mit einem Zauberstab einmixen.

3. Für das Pistazienpesto die Milch und den Zucker aufkochen, die gerösteten Pistazien beigeben und kurz ziehen lassen. Alles zusammen mixen und passieren.

4. Die marinierte Gänsestopfleber 1 cm dick ausrollen, halbieren und darauf die Hälfte der Trüffel hobeln. Die gestockte Apfel-Sellerieschnitte auf das Maß der Gänsestopfleber zuschneiden und aufsetzen, darauf den restlichen Trüffel hobeln und mit der zweiten Hälfte der Gänsestopfleber abdecken. Die Ränder sollten sauber abschließen. Eventuell mit einer Palette die Ränder nachglätten. Den Schokoladensamt leicht erwärmen, über die Gänsestopfleber gießen und stocken lassen. In Portionen schneiden und mit dem Pistazienpesto servieren.

Salat von weißem und grünem Spargel

mit Hummer und Jakobsmuschel

1. Für den Hummer das vorbereitete Gemüse in kochendes Salzwasser mit etwas Kümmel geben. Hummer Kopf voraus ins Wasser geben, pro 100 g Lebendgewicht eine Minute Kochzeit rechnen, zur Seite stellen. Hummer aus dem Fond nehmen, in gesalzenem Eiswasser abschrecken. Den Hummer aus der Schale brechen, Schwanz vom Körper abdrehen, Karkasse brechen. Das Fleisch entnehmen, Darm entfernen und in Medaillons schneiden. Die Scheren mit einem Messer anschlagen, so dass der Körper platzt. Das Fleisch entnehmen. Salzen und pfeffern, mit Butterflocken belegen und mit Klarsichtfolie abdecken. Den Hummer kurz vor dem Servieren bei 60 °C erwärmen.

2. Die Jakobsmuscheln waschen, anschließend in der linken Hand halten, so dass die flache Seite nach oben zeigt. Mit einem nicht zu scharfen Messer beide Schalenteile auseinanderdrücken. Das Fleisch mit einem kurzen Schnitt von der flachen Schalenseite lösen, vorsichtig aushöhlen und in Eiswasser legen. Anschließend unter kaltem Wasser waschen, trocken tupfen. Vor dem Servieren die Jakobsmuscheln salzen und pfeffern, in heißem Olivenöl kurz braten, bis die Muschel glasig ist und die Kräuter beigeben. Die Muscheln auf einen vorgewärmten Porzellanteller legen.

3. Spargel in kaltem Wasser waschen, schälen, holzige Enden abschneiden und die Stangen in drei Stücke schneiden. Kochwasser mit Meersalz, Zucker und etwas Butter abschmecken, aufkochen und den Spargel einlegen, nochmals aufkochen. Danach zugedeckt in der verbleibenden Hitze etwa 15 Minuten garen.

4. Für die Vinaigrette Eier schälen und trennen. Das Eigelb passieren, mit Senf, Essig und Zitronensaft verrühren, die Öle unter stetigem Rühren hinzufügen und die Vinaigrette mit Spargelwasser elastisch halten, so dass eine leichte Bindung entsteht. Zum Schluss die Einlage aus gehacktem Eiweiß, Petersilie und Kerbel einrühren. Den Spargel mit der Vinaigrette marinieren.

5. Hummer und Jakobsmuscheln anrichten, den Salat daneben platzieren und mit der Vinaigrette nach Geschmack beträufeln. Eine kleine Hummerschere zur Dekoration anlegen.

Für 4 Personen

Hummer
2 Hummer
¼ Stange Lauch
2 helle Schalotten
¼ Fenchel
¼ Staudensellerie
30 g Butterflocken
wenige Pfefferkörner, Meersalz,
Kümmel, Thymianzweige

Jakobsmuscheln
12 bretonische Jakobsmuscheln
Salz, Pfeffer aus der Mühle,
etwas Olivenöl
1 Knoblauchzehe
1 Thymianzweig
40 g Butter

Grüner und weißer Spargel
8 Stangen weißer Spargel
8 Stangen grüner Spargel
Wasser, Butter, Meersalz, Zucker

Vinaigrette
2 hart gekochte Eier
6 g Senf
6 g Estragonessig
8 g weißer Balsamico
2 Spritzer Zitronensaft
40 ml Traubenkernöl
20 ml Olivenöl
40 ml Spargelwasser
1 Eiweiß, fein gehackt
Meersalz, Pfeffer aus der Mühle
Petersilie

Dreierlei von der Pelati-Tomate

mit gebackener Gamba im Kataifiteig

Für 4 Personen

Getrocknete Tomaten und Tomatengelee
(muss fünf Stunden kühlen)
15 vollreife Strauchtomaten
4 Rosmarinzweige, 4 Thymianzweige
4 Knoblauchzehen, Salz, Pfeffer,
Puderzucker, Olivenöl, Salz, Zucker,
Basilikum, Tabasco, Passiertuch
12–14 Blätter Gelatine
250 ml vom Tomatenwasser

Weiße Tomatenmousse
250 ml Tomatenwasser
Salz, Zucker, Tabasco, Gin
3 Blätter Gelatine, gut eingeweicht
125 ml Sahne, 10 ml Olivenöl

Pinienpesto
100 g geröstete Pinienkerne
20 Basilikumblätter, 1 EL gesüßter,
reduzierter Balsamico
30 ml Pinienöl, 60 ml Olivenöl,
1 EL geriebener Parmesan
Salz, Pfeffer aus der Mühle

Safranzwiebeln
50 ml Olivenöl, 700 g weiße
Zwiebeln, gewürfelt, 40 ml weißen
Balsamico, 2 Prisen Safran
1 Lorbeerblatt, 2 Thymianzweige,
gezupft, 1 Rosmarinzweig, gezupft
1 Knoblauchzehe, Muskat, Salz
weißer Pfeffer aus der Mühle

Strudel
2 Platten Blätterteig, 20 cm x 7 cm
20 g Pesto, Safranzwiebeln
14 getrocknete Tomatenfilets (s.o.)
7 Basilikumblätter, 1 Eigelb, 1 EL Sahne

Gambas
8 frische Gambas in der Schale
Salz, Pfeffer, Kataifiteig*

* im Asiahandel erhältlich

1. Für die getrockneten Tomaten Strauchtomaten waschen, häuten, vierteln, entkernen, Saft und Kerne auffangen. Tomatenfleisch abspülen und abtupfen. Tomatenviertel auf ein mit Olivenöl eingepinseltes Blech legen. Gewürze darüberstreuen, bei 90 °C 4 Stunden bei offener Ofentür trocknen. Tomatenkerne anmixen, im Passiertuch zum Abtropfen aufhängen. Je nach Menge Gelatineblätter einweichen, ausdrücken. Im Tomatenfond auflösen, abschmecken. Für die Tomatenterrine ein Blech mit Folie auslegen. Einen Teil des Gelees 0,5 cm hoch auf das Blech geben, kühlen. Terrine von 30 cm x 4 cm x 3 cm mit Gelee auslegen. Getrocknete Tomatenfilets durch das übrige Gelee ziehen, in die Terrine schichten. Pinienpesto auf die Tomaten streichen, mit Basilikum bestreuen. Die Terrine so füllen, zum Schluss mit Tomatengelee aufgießen. Abgedeckt und beschwert 5 Stunden kühl stellen.

2. Für die Mousse Gelatine auflösen, 250 ml Tomatenwasser in einer Schüssel auf Eis stellen. Die Mousse schlagen, bis sie anzieht und weiß wird. Dann aus dem Eisbad nehmen, die restlichen Zutaten einarbeiten. In kleine Gefäße abfüllen, für eine Stunde kühlen. Die Mousse mit dem restlichen Tomatengelee versiegeln.

3. Alle Zutaten für das Pesto mixen. Zwiebeln in Olivenöl glasig anschwitzen, mit Balsamico ablöschen. Gewürze, Tomatenfilets, Safran und Kräuter zugeben, vom Herd nehmen und auskühlen lassen.

4. Für den Strudel eine Blätterteigplatte auf ein mit Backpapier ausgelegtes Blech legen. Safranzwiebeln mittig aufsetzen, mit Basilikum abdecken, getrocknete Tomatenfilets auflegen. Ränder mit Eigelb einstreichen. Zweite Platte versetzt längs einschneiden, auf die Füllung legen. Mit Eigelb und Sahne einstreichen, im vorgewärmten Ofen bei 175 °C Umluft 22–25 Minuten backen.

5. Kopf von den Gambas abtrennen, Schwanz bis auf das letzte Glied aus der Schale pulen, Darm entfernen. Fleisch waschen, beiseite stellen. Gambas salzen, pfeffern, mit Kataifi umwickeln. Im Fett ausbacken, salzen, wie auf dem Bild anrichten. Terrine stürzen, in vier Zentimeter breite Stücke schneiden, Mousse, Strudelecken und Gamba verteilt auf die Teller setzen.

Tranche vom Lachs in Limettenblätter-Vinaigrette

auf exotischem Gemüse-Fruchtsalat mit Wasabisüppchen

1. Für die Lachstranchen den Lachs leicht gewürzt auf einen Teller mit Olivenöl legen, ohne dass sich die Fischstücke berühren. Den Fisch mit Klarsichtfolie abdecken und für etwa 25 Minuten in den auf 55 °C vorgewärmten Ofen (Umluft) stellen.

2. Für die Limettenblättervinaigrette die Schalotten in sehr feine Würfel schneiden und in ein Geschirrtuch geben. Das Tuch so lange zusammendrehen, bis die Schalotten fest eingebunden sind. Nun die Schalotten unter fließendem kaltem Wasser 3–4 mal auswaschen und kräftig ausdrücken. Die Schalotten in eine Schüssel geben, die Chilischoten und die Limettenblätter schneiden, alle weiteren Zutaten aus der Rezeptur beifügen und zu einer Vinaigrette verarbeiten.

3. Für den Gemüsesalat Karotten und Staudensellerie schälen und in 8 cm lange, sehr feine Streifen schneiden. Alle vorbereiteten Gemüsesorten mischen. Eine beschichte Pfanne aufheizen, in wenig Maiskeimöl die Gemüsemischung kurz, aber knackig farblos anbraten, mit etwas Sojasauce ablöschen und in eine vorgewärmte Schüssel geben. Alle vorbereiteten Zutaten zugeben und zum Schluss das Sesam- und das Erdnussöl darüberträufeln.

4. Für das Wasabisüppchen alle Zutaten in feine Scheiben schneiden, in einen Topf geben, mit kaltem Wasser auffüllen und langsam erhitzen. Den aufsteigenden Schaum während des Aufkochens sorgfältig entfernen, nach dem Aufkochen für 30 Minuten am Herdrand ziehen lassen. Durch ein Tuch passieren, wiederholt aufkochen, wiederholt den aufsteigenden Schaum abschöpfen. Die Suppe mit Wasabi und Champagner abschmecken.

5. Auf vier leicht warme Teller den exotischen Gemüsefruchtsalat mittig platzieren. Den Lachs aus dem Ofen nehmen und mit anlegen, bunte Salate, leicht mariniert, zur dekorativen Abrundung platzieren. Die Limettenmarinade dezent auf den Lachs pinseln. Mit frischen Gartenkräutern und Lachssegel garnieren. Die Suppe in einer Espressotasse dazu servieren.

Für 4 Personen

Lachstranchen
4 Lachsfilets ohne Haut à 40–50 g
Salz, Pfeffer, Limettensaft

Limettenblättervinaigrette
200 g Schalottenwürfel, 15 g milde, rote Chilischoten, 5 EL Limettensaft, Limettenabrieb, 5 EL Rotweinessig 5 EL Apfelsaft, 1 EL Sojasauce, 2 EL Fisch-/Hummerfond, geriebener Ingwer, Koriander, Knoblauch, Salz Zucker, 100 ml Limettenöl, 50 ml Olivenöl, Limettenblätter

Exotischer Gemüsesalat
je 50 g Staudensellerie, Karotten, Apfel mit Schale, Ananas, Mango, Babybanane, 30 g Frühlingslauch, 1 TL gehobelte Kokosnuss, 30 g Passionsfruchtsaft, je 1 TL Koriander und thailändischer Basilikum, fein geschnitten, ½ geriebene Ingwerwurzel, 1 Stängel Zitronengras, ¼ milde Chilischote, Salz, Zucker, leicht gesalzene Sojasauce, 1 EL Limettenblättervinaigrette, 2 EL süß-saure Chilisauce, 1 TL Sesamöl, 2 TL Erdnussöl

Wasabisüppchen
etwas Olivenöl, 800 g Lachsgräte und Abschnitte sorgfältig gewässert, 60 g Schalotten, 10 g Knoblauch, 40 g Staudensellerie, 2 weiße Champignons, 130 g Orangenfleisch, 15 g Ingwer, 1 Stängel Zitronengras, 250 ml Orangensaft, 200 ml Weißwein, 30 ml Noilly Prat, 8 g Meersalz, 2 g weiße Pfefferkörner, zerstoßen, 2 Lorbeerblätter, einige Thymianzweige, 10 g Estragon mit Stiel, etwas Wasser, 1 St Orangenschale, 3 Blätter frisches Eisenkraut, Tapioka* oder Sago, Wasabi und Champagner zum Abschmecken

* nahezu geschmacksneutrale Stärke aus getrockneter Maniokwurzel

Gefüllte Artischocke mit Ratatouille und Couscous

auf Sellerie-Olivenvinaigrette

Für 4 Personen

Bretonische Artischocke
4 bretonische Artischockenböden,
geputzt, Erdnussöl, Olivenöl
2 rote Paprika

Ratatouillepaste
Olivenöl, 1 Schalotte, in Würfel
geschnitten, 1 Knoblauchzehe
Gemüseabschnitte (Karotten, Lauch,
Sellerie), klein gehackt, 1 reife
Strauchtomate, klein geschnitten
1 Thymianzweig, 1 Rosmarinzweig
40 ml Tomatenpüree von geschälten
Tomaten

Couscous
60 g Couscous, mittlere Körnung
180 ml Hühnerbrühe
Salz, etwas Raz el Hanout*

Sellerie-Olivenvinaigrette
1 Stangensellerie
2 reife Tomaten, gehäutet,
geviertelt, entkernt
25 g Schalotte, in feine Würfel
geschnitten, 1 Knoblauchzehe,
1 Lorbeerblatt, 1 Thymianzweig,
Salz, Zucker, Pfefferkörner
etwas Estragonessig, 100 ml
Bio-Apfelsaft, 150 ml Hühnerbrühe,
50 ml Olivenöl, 16 Nizzaoliven,
ohne Stein

Ratatouillesalat
2 Schalotten, in feine Würfel
geschnitten, 1 Knoblauchzehe,
1 rote Paprika, 1 gelbe Paprika
½ Zucchini, ½ Aubergine
2 Strauchtomaten, 1 TL Rosmarin,
Thymian, Petersilie Basilikum, fein
geschnitten, Balsamico, Olivenöl

* klassisches Couscousgewürz

1. Für die Artischocken Böden mit heißem Erdnuss- und Olivenöl 2–3 Minuten frittieren, abkühlen lassen. Paprika vierteln, Kerngehäuse entfernen, mit Olivenöl einpinseln, salzen und ca. 5–10 Minuten in den 200 °C heißen Ofen (Oberhitze) schieben. Wenn sich die Haut dunkel färbt, Paprika herausnehmen und mit einem feuchten Tuch abdecken. Nach ca. 10 Minuten die Haut abziehen.

2. Für das Ratatouille eine Sauteuse mit Olivenöl erhitzen, Schalottenwürfel und Knoblauch anschwitzen. Zerkleinerte Schalen, Gemüseabschnitte, Tomatenstückchen und Kräuter beigeben, würzen und abgedeckt bei niedrigster Hitze schmoren. Nach 10 Minuten das Tomatenpüree hinzugeben, wenige Minuten weiterschmoren, passieren. Für den Couscous die Hühnerbrühe aufkochen, würzen, das Couscous einrühren und ca. 5 Minuten am Herdrand quellen lassen.

3. Für die Vinaigrette Sellerie schälen, Schalen aufbewahren. Stängel in 0,5 cm breite und 5 cm lange Stifte schneiden. Tomatenfleisch in Stifte schneiden. Schalotten und Knoblauch in Olivenöl anschwitzen, Abschnitte von Tomaten, Sellerie und die Schalen zugeben, würzen, glasieren. Mit Estragonessig ablöschen, mit Apfelsaft auffüllen, zur Hälfte reduzieren, die heiße Hühnerbrühe zugeben, 10 Minuten köcheln. Sud passieren, die Selleriestifte darin blanchieren und entnehmen. Sud einkochen, abschmecken und über den Sellerie geben. Tomaten und Oliven beigeben, 20 Minuten ziehen lassen. Olivenöl zufügen, die geschnittenen Sellerieblätter einrühren, schöne Blätter für die Dekoration beiseite stellen.

4. Für den Salat Paprika schälen, Schalen aufbewahren, vierteln. Tomaten häuten, vierteln, Kerne entfernen, beiseite stellen. Gemüse würfeln. Schalotten und Knoblauch anschwitzen, Gemüse, außer den Tomaten, beigeben und kurz anbraten. Salzen, pfeffern, mit Balsamico ablöschen, Olivenöl dazu geben. Tomaten zufügen, mit Couscous, Kräutern und Ratatouillepaste vermengen. Den Salat in die Artischocke geben, mit der Paprika abdecken. In Folie einwickeln, 15 Minuten bei 100 °C backen. Sellerievinaigrette, Tomaten, Oliven und die Artischocke auflegen und servieren. Einige Sellerieblätter, eventuell Kirschtomate und viele frische Kräuter dazu dekorieren.

Suppen und Zwischengänge

Sud von bretonischen Artischocken
Bretonische Rotbarbe im Karotten-Orangensud
Irischer Saibling mit Belonaustern
Wachtelkoteletts gefüllt mit Gänsestopfleber
Bio-Kalbshirn in Zitronen-Kapernbutter

Sud von bretonischen Artischocken

mit Seeteufel und Ballontine von Calamaretti

1. Die Haut vom Seeteufel abziehen. Zwei Filets am Wirbel entlang mit einem durchziehenden Schnitt lösen. Die Filets säubern, mit kaltem Wasser abspülen und sorgfältig abtrocknen. Das Filet in gleichmäßige Tranchen schneiden, die Schnittflächen nach oben legen und mit der Hand leicht andrücken. Vor dem Servieren erst mit Salz und Pfeffer würzen und im heißen Olivenöl braten.

2. Für den Artischockensud Pfefferkörner, Wacholder und Nelken grob zerstoßen. Artischockenstil unter dem Blütenansatz abbrechen und entfernen. Die oberen zwei Drittel der Blätter abschneiden, beiseite stellen. Boden mit der Schnittfläche auflegen, äußere Blätter bis zum Boden schneiden und beiseite stellen. Heu entfernen, gesäuberten Boden in Ascorbinwasser aufbewahren. Schalen waschen. Zwiebeln in Distelöl glasig anschwitzen, Gemüse und Artischockenschalen beigeben und mitbraten. Tomaten dazugeben und schmoren, bis sie zerfallen. Alle Gewürze einstreuen, mit Weißwein ablöschen und um zwei Drittel reduzieren. Mit heißer Hühnerbrühe ablöschen, aufkochen, zudecken und 30 Minuten bei geringer Temperatur köcheln. Fond passieren, die Schalen gut ausdrücken. 80 g Artischocken klein schneiden, in Distelöl anschwitzen, mit Artischockensud auffüllen und auf 1 Liter reduzieren. Anschließend pürieren und passieren. Kurz vor dem Servieren den Fond mit Olivenöl aufmontieren. Die übrigen Artischocken in Ecken schneiden, in Olivenöl braten und als Garnitur anlegen.

3. Für die Calamaretti braunen Zucker schmelzen und mit Zitronensaft ablöschen. Darin die gewürfelten Schalotten farblos anschwitzen, die Birnenwürfel zugeben, diese Flüssigkeit so lange einkochen, bis der Ansatz trocken ist. Die braune Butter aufgießen und mit Ananaswürfeln, Ingwer, Chilischoten, Lorbeerblatt, Thymian und Cayenne-Pfeffer in 20 Minuten zu einem Chutney einkochen. Salbei in brauner Butter frittieren, zum Schluss zugeben und kurz ziehen lassen.

4. Die Füllung in die Calamarettikörper geben, die Tüten mit einem Zahnstocher verschließen. Eine Sauteuse mit Olivenöl leicht erhitzen, die Tüten vorsichtig einlegen und 3–5 Minuten garen. Die gebratenen Seeteufelmedaillons in einen tiefen Teller legen, die gefüllten Calamaretti seitlich platzieren. Nun den Sud angießen und servieren.

Für 4 Personen

Seeteufel
4 Seeteufelmedaillons à 60 g
Öl
4 Calamaretti

Artischockensud
(reicht für ca. 8 Personen, kleinere Menge macht aber keinen guten Geschmack)
4 Artischocken, ca. 400 g mit Schalen, ohne Stiel und Heu
etwas Wasser mit einem Teelöffel Ascorbinsäure
Distelöl, Olivenöl
100 g Zwiebeln
40 g Staudensellerie, 30 g Lauch
60 g Champignons
15 g Knoblauch
160 g frische Tomaten
10 g Meersalz
2 g Rosmarin, 2 g Thymian
1 Lorbeerblatt, 1 g Pfefferkörner
1 g Wacholder, 2 Nelken
250 ml Weißwein, 1 l Hühnerbrühe
80 g Artischockenboden, klein geschnitten
klein geschnittene Kräuter

Calamaretti mit Ananas-Birnenchutney
10 g brauner Zucker
½ Zitronensaft, 25 g Schalotten
70 g Birnenwürfel, 15 g Nussbutter
100 g Ananaswürfel, Meersalz
3 g Ingwer, geschält und fein gerieben
wenig frische Chilischoten, ohne Kerne, sehr fein geschnitten
½ Lorbeerblatt
10 g Thymian, gezupft
4 g braune Butter
wenig Cayenne und bunte Pfeffermischung
1 g Salbei, frisch, fein geschnitten

Bretonische Rotbarbe im Karotten-Orangensud

Für 4 Personen

4 Bretonische Rotbarbenfilets
Salz
Pfeffer aus der Mühle
Mehl

Karotten-Orangensud
Olivenöl und Butter
30 g Schalotten,
fein geschnitten
15 g Ingwer,
fein geschnitten
25 g Ingwerknolle in Sirup
225 g Karotten,
fein geraspelt
250 g Orangenfleisch,
in Scheiben
1 Orangenschale
Meersalz
1 g roter Pfeffer
1 g weißer Pfeffer,
grob geschrotet
½ milde Chilischote
100 ml feinen Riesling
100 ml kräftige Hühnerbrühe
200 ml Karottensaft,
frisch gepresst
220 ml Orangensaft,
frisch gepresst
Rotbarbenkarkassen
Olivenöl

½ Orange für Zesten und Filet
4 TL Karottenwürfel
Butter
etwas Estragon
etwas Ingwersirup

1. Für den Fisch Flossen und Schwanz abschneiden, vorsichtig schuppen, dann ausnehmen. Mit kaltem Wasser abspülen, filetieren vom Kopf in Richtung Schwanz, die Bauchgräten vorsichtig abschneiden. Die Karkasse zurücklegen für den Sud und aus den Filets mit Hilfe einer Pinzette die Gräten ziehen. Die Filets erneut mit kaltem Wasser abspülen, trocken tupfen und kühl stellen.

2. In einer Sauteuse die Schalotten in Olivenöl und Butter glasieren, den Ingwer zugeben und kurz mitschwitzen. Die Zutaten der Reihenfolge nach beigeben und alles sorgfältig, ohne das der Ansatz Farbe nimmt, anschwitzen. Die Gewürze dazu geben, mit dem Wein ablöschen und auf 1/3 reduzieren, mit der Hühnerbrühe auffüllen, um die Hälfte einkochen. Die frisch gepressten Säfte zugeben und nur kurz aufkochen. Die Rotbarbenkarkassen in Olivenöl anbraten und mitsamt des Brataöls in den Sud geben. Aufkochen, 15 Minuten ziehen lassen, anschließend durch ein Haarsieb passieren, dabei gut ausdrücken. Den Fond mit Butter, frischem Estragon und etwas Ingwersirup vollenden. Wichtig ist, dass diese Suppe so wenig wie möglich kocht, damit viele Vitamine erhalten bleiben.

3. Zunächst die Orange waschen, mit Hilfe eines Zestenreißers Zesten von der Orange abziehen. Anschließend mit einem scharfen Messer das Weiße von der Orange abschälen. Die Orange filetieren, den Saft über die Orangefilets geben und so belassen. Die Zesten dreimal in Wasser blanchieren und anschließend in gezuckerten Orangensaft legen. Die Karotten in feine Würfel schneiden und blanchieren.

4. Die Rotbarbe würzen, die Hautseite leicht mit Mehl bestäuben und in einer heißen Pfanne etwa 30–50 Sekunden auf der Haut braten, kurz wenden und in einen tiefen Teller legen. Die Garnituren, blanchierte Orangenzesten, Orangenfilets und Karottenwürfel in den Teller legen und mit dem Sud servieren.

Irischer Saibling mit Belonaustern

in Champagnersauce und jungem Lauch

1. Den Saibling auf einen gebutterten und mit Salz und Pfeffer ausgestreuten Teller legen, mit Salz und weißem Pfeffer aus der Mühle würzen und mit Folie abdecken. Für ca. 15–20 Minuten in den 50 °C warmen Ofen stellen. Mit einem Austernmesser die Austern öffnen, auslösen und dabei das Austernwasser auffangen. Die Austern einzeln kurz unter kaltem Wasser abspülen, das Austernwasser passieren und die Auster bis zur Verwendung im eigenen Wasser kühl aufbewahren.

2. Die Schalotten und den Lauch in wenig Olivenöl anschwitzen, mit Noilly Prat und Weißwein ablöschen, um zwei Drittel reduzieren, den Fischfond zugeben und weiter um die Hälfte reduzieren. Die Hälfte der Butter einrühren, aufkochen und durch ein feines Sieb passieren, wiederholt aufkochen, die Austern einlegen und für ca. 30 Sekunden je nach Größe pochieren. Die Austern entnehmen, dass Austernwasser in die Sauce geben und mit der Butter montieren. Mit etwas Zitrone abschmecken, den Champagner und die Sahne einarbeiten und servieren.

3. Den Lauch putzen und in gesalzenem Wasser blanchieren, kurz abschrecken und in wenig Hühnerbrühe und Butter glasieren. Den Saibling in die Mitte des Tellers legen, die Austern anlegen, den Lauch dazu dekorieren, die Sauce aufschäumen und mit frischen Kräutern servieren.

Für 4 Personen

2 Filets vom Saibling,
vom Fischhändler filiert,
ohne Haut
12 Belonaustern

Champagnersauce
1 Schalotte
1 Frühlingslauch,
nur den hellen Teil
30 ml Noilly Prat
30 ml trockenen Riesling
100 ml Fischfond
50 g Butter
Austernwasser
1 Spritzer Zitronensaft
Champagner
geschlagene Sahne

8 Stangen Frühlingslauch,
nur den unteren Teil

Wachtelkoteletts gefüllt mit Gänsestopfleber

an Petersilienwurzel-Risotto

Für 4 Personen

Petersilienwurzelfond
400 g Petersilienwurzeln
300 ml Hühnerbrühe
1 Knoblauchzehe, 2 g Meersalz
1 Lorbeer, Pfefferkörner, weiß

Wachtelfarce
100 g Wachtelfleisch
(alternativ: Perlhuhnfleisch)
Salz, Pfeffer aus der Mühle
1 EL reduzierter Portwein
1 EL reduzierter Madeira
2 EL kräftige Geflügeljus
110 ml kalte Sahne

Wachtelkotelett
2 küchenfertige Wachteln
3 EL Wachtelfarce oder Geflügelfarce
4 Scheiben Gänsestopfleber
8 Périgord-Trüffelscheiben
Schweinenetz

Wachtelsauce
(muss eine Stunde köcheln)
Öl und Butter, 500 g Wachtelkarkassen
25 g Butter, 35 g Schalotten
20 g Staudensellerie, 50 g Champignons, 1 Knoblauchzehe, 4 g Meersalz
5 weiße Pfefferkörner, 3 schwarze Pfeffer, 1 Nelke, wenig Thymianzweig, ½ Lorbeerblätter, 1 Tomate in Viertel geschnitten, 200 ml Portwein, 700 ml Geflügelbrühe

Petersilienwurzel-Risotto
30 g Butter/Öl, 20 g Schalottenwürfel
120 g Petersilienwurzelwürfel
1 Knoblauchzehe, geschält, 15 g
½ Lorbeerblatt, Salz,
100 g Risottoreis, 60 ml Weißwein,
200 ml Petersilienwurzelfond oder auch Hühnerbrühe, 12 g geriebener Parmesan, etwas Butter, Blattpetersilie, etwas geschlagene Sahne zum Schluss

1. Für den Fond Petersilienwurzeln schälen und würfeln. Eine Wurzel für die Garnitur zurücklegen. Knoblauch schälen und halbieren. 70 g Abschnitte und Schalen mit Hühnerbrühe aufgießen, mit den Gewürzen abschmecken und zugedeckt 40 Minuten köcheln. Den Fond passieren und warm zur Seite stellen. Für die Farce das gewürfelte Wachtelfleisch anfrieren, salzen, pfeffern und pürieren, Spirituosen beigeben und kalte Sahne einmixen. Die Farce in eine Schüssel geben, zwanzig Minuten kühlen, anschließend passieren. Abschmecken, eine kleine Nocke von der Wachtelfarce abstechen, in heißer Hühnerbrühe 3–4 Minuten garen. Geschmack und Konsistenz kontrollieren, nachwürzen, kühl stellen.

2. Für die Kotelett Brust und Keule auslösen. Flügelknochen abtrennen, die Innenseiten salzen, pfeffern und mit Farce ausstreichen, eine Scheibe Périgord-Trüffel in die Mitte geben, danach die gewürzte Gänsestopfleber und wieder eine Scheibe Trüffel. Keule so über die Leber legen, dass die Wachtel eine kotelettähnliche Form erhält. Wachteln von außen würzen, in ein Schweinenetz wickeln. Vor dem Servieren die Koteletts in Öl und Butter anbraten, für 15 Minuten in den 80 °C heißen Ofen stellen. Für die Sauce Gewürze grob zerstoßen. Pflanzenöl und Butter erhitzen, Wachtelkarkassen hineingeben, salzen, pfeffern und goldbraun braten. Gemüse und Gewürze beigeben, bei 170 °C bräunen. Mit Portwein ablöschen, komplett reduzieren, mit kaltem Geflügelfond auffüllen. Den Ansatz 50–60 Minuten köcheln. Während des Kochens den aufsteigenden Schaum abschöpfen. Die Sauce passieren, aufkochen, den Schaum abnehmen und zur richtigen Konsistenz einkochen.

3. Für das Risotto Schalotten, Knoblauch und Petersilienwurzeln in Butter und Öl anschwitzen, Reis beifügen, glasig werden lassen, mit Weißwein ablöschen. Heißen Petersilienfond zugeben, bei niedriger Temperatur unter häufigem Rühren 14–20 Minuten garen. Butter, Blattpetersilie, Parmesan und Sahne unterarbeiten. Zum Anrichten vier Ringe von 4 cm Durchmesser und 3,5 cm Höhe mit Butter ausreiben. Petersilienwurzel längs halbieren, in Blättchen schneiden, blanchieren, mit etwas Wachtelfarce fixieren, als Rosette in den Ring setzen. Ringe mit Folie abdecken, bei 80 °C erhitzen. Warmen Ring auf einen heißen Teller stellen und mit Risotto füllen. Wachtelkotelett schräg aufschneiden und an den Ring setzen, mit Wachteljus abrunden.

Bio-Kalbshirn in Zitronen-Kapernbutter gebraten

mit gefüllten Kartoffelscheiben

1. Das Kalbshirn gründlich wässern. Eine Minute in leichtem Essig-Salzwasser blanchieren, kalt abschrecken. Die Bindehaut mit viel Fingerspitzengefühl abziehen. Das Kalbshirn kühl stellen.

2. Für die Tapenade Zwiebeln, Lauch, Sellerie und Knoblauch in Olivenöl farblos anschwitzen, mit den geschälten Tomaten auffüllen. Mit Rosmarin, Thymian würzen, aufkochen, Octopus zugeben und am Siedepunkt 2 Stunden garen. Aus dem Sud nehmen, die dunkle Haut abstreifen und mit einem Tuch abreiben. Octopus nach dem Kochen zerteilen und die für das Rezept der Tapenade benötigte Portion zur Seite stellen. Alle restlichen Zutaten in Würfel schneiden, miteinander verrühren und zwanzig Minuten ziehen lassen.

3. Für die Kartoffelscheiben Kartoffeln schälen, in hauchdünne Scheiben schneiden, rund ausstechen, mit verquirltem Eiweiß einpinseln, die Tapenade als Tupfer aufsetzen, mit einer Kartoffelscheibe abdecken, gut andrücken und in der Pfanne ausbacken.

4. Das Hirn mit Salz und Pfeffer würzen, leicht mehlieren. Bei mittlerer Hitze in Öl und brauner Butter rosé braten. Das Hirn auf einem warmen Teller legen und die übrigen Zutaten in die Pfanne geben, kurz durchschwenken und die Kalbsjus zufügen. Das Kalbshirn nochmals in die Pfanne geben und mit der Zitronen-Kapernbutter übergießen. Das Hirn mit der Zitronen-Kapernbutter auf einen Teller geben, die gefüllten Kartoffelscheiben anlegen, mit mariniertem Friséesalat und frischen Kräutern garnieren. Die Kapernäpfel in Tempurateig frittieren.

Tipp

Den restlichen Octopus in einem Weckglas bei 95 °C für 20 Minuten in den Ofen stellen und einwecken. So ist er etwa drei Monate haltbar.

Für 4 Personen

Kalbshirn in Zitronen-Kapernbutter
4 Portionen Bio-Kalbshirn
Salz, Pfeffer aus der Mühle
Mehl
Keimöl und braune Butter
2 Zitronenfilets
10 g Kapern
1 EL Petersilie
1 TL Salbei
2 EL leichte Kalbsjus

Tapenade
(muss 2 Stunden garen)
10 ml Olivenöl
25 g Zwiebeln, in feine Scheiben geschnitten
25 g das Gelbe vom Lauch, in grobe Stücke geschnitten
25 g Bleichsellerie
400 g geschälte Tomaten
8 g Knoblauch
700 g küchenfertiger Octopus
2 g Rosmarin
2 g Thymian
2 g Pfefferkörner, weiß und schwarz
1 Nelke
2 Lorbeerblätter
Meersalz, Zucker
400 ml Hühnerbrühe

150 g Octopus
5 g Kapern
3 g Sardellen
1 g Zitronenschale
24 g getrocknete Tomatenfilets
20 g Olivenpüree
30 g Tomatenfond vom Kochen
2 g frisch geschnittene Blattpetersilie

Gefüllte Kartoffelscheiben
2 Kartoffeln
1 Eiweiß

Fisch und Fleisch

Pot au feu von Hummer und Jakobsmuscheln
Suprême vom Steinbutt mit Périgord-Trüffel
Frikassee von Frühlingsmorcheln und Spargel
Duett von Wachtel und Taube im Spinatmantel
Poltinger Lammrücken in Bärlauchkruste
Kalbskarree aus dem Schönbuch

Pot au feu von Hummer und Jakobsmuscheln

auf Safrangemüse mit Spinattortellini

Für 4 Personen

Hummer und Jakobsmuscheln
2 Hummer, Meersalz, Kümmel
je ¼ Lauch, Fenchel, Staudensellerie,
2 Schalotten, 30 g Butterflocken
8 Jakobsmuscheln, Pfefferkörner
Meersalz, Kümmel, Thymianzweige
etwas Olivenöl

Spinatnudelteig
300 g gesiebtes Weizenmehl
100 g Hartweizengrieß, 125 g Ei
10 g Salz, 75 g Spinatpüree
1 EL Olivenöl

Spinatfüllung
250 g Blattspinat, 15 g Butter,
1 Knoblauchzehe, 1 Schalotte, 2 EL
Speck, gewürfelt, 25 g Pinienkerne,
gehackt, 1 TL Crème fraîche, Salz,
Pfeffer, Muskat, verquirltes Ei, Mehl,
Rosmarin, Thymian

Hummerfond-Sauce
1 kg Hummerkarkassen
45 g Schalotten, 35 g Fenchel
25 g Staudensellerie, 15 g Meersalz
2 Knoblauchzehen, 4 g weiße zersto-
ßene Pfefferkörner, 2 Lorbeerblätter
2 Thymianzweige, 4 Tomaten
1 TL Tomatenmark, 15 ml Pernod
10 ml Weinbrand, 60 ml Noilly Prat
240 ml Weißwein, 500 ml kaltes
Wasser oder Geflügelbrühe
Speisestärke, kalte Butter

Safransauce
Olivenöl, 30 g Karottenrauten, 30 g
Sellerierauten, 1 Msp Safranpulver,
1 Lorbeerblatt, 1 Thymianzweig,
1 Knoblauchzehe, Salz, Pfeffer,
Cayenne, 10 ml Pernod, 20 ml Noilly
Prat, 40 ml Weißwein, 90 ml Geflü-
gel- und Fischfond, 45 g kalte Butter,
geschlagene Sahne, je 20 g Zucchini,
Tomaten, Lauch in Rauten, Basilikum

1. Gemüse und Schalotten in Wasser mit Meersalz und Kümmel kochen. Hummer Kopf voraus eine Minute pro 100 g Gewicht aufkochen, in Eiswasser abschrecken, Schwanz abtrennen, Karkasse brechen,
das Fleisch entnehmen, Darm entfernen, Hummer halbieren. Scheren
aufbrechen, Fleisch entnehmen. Salzen, pfeffern, mit Butterflocken belegen und mit Folie abdecken. Vor dem Servieren bei 60 °C im Ofen wär-
men. Jakobsmuscheln waschen, auslösen, in Eiswasser legen. Die kerne
waschen, würzen und mit Thymian und Knoblauch glasig garen. Für
den Nudelteig alle Zutaten zu einem glatten Teig verarbeiten, in Folie
einschlagen, zwei Stunden kühl stellen.

2. Für die Füllung Spinat waschen, eine Sauteuse mit Knoblauch ausreiben. Butter darin anschwitzen, Spinat beigeben, unter Rühren
zusammen fallen lassen. Mit Salz, Pfeffer und Muskat würzen. Nach
zwei Minuten Spinat in einem Sieb ausdrücken. Im Topf abschmecken,
gebratenen Speck, Pinienkerne und Crème fraîche zugeben, abkühlen
lassen. Den Tortellini-Teig dünn ausrollen, ausstechen, Füllung in die
Mitte eines Nudelblattes setzen, Teigränder mit verquirltem Ei einstreichen. Teig zur Hälfte falten, Ecken mit Ei einpinseln, festdrücken. Tor-
tellini mehlieren und 3 Minuten in Kochwasser mit Rosmarin, Thymian, Meersalz, Olivenöl und Knoblauch kochen.

3. Für den Hummerfond saubere, trockene Karkassen in Olivenöl an-
rösten. Gewürfeltes Gemüse zugeben, anschwitzen, Gewürze zufügen. Flüssigkeit einkochen. Tomatenmark einrühren, mit Pernod, Weinbrand, Noilly Prat und Weißwein ablöschen. Flüssigkeit auf ein Drittel
reduzieren, mit Wasser auffüllen, 45 Minuten köcheln lassen. Dann passieren, Karkassen ausdrücken. Den Fond reduzieren. Vor dem Servieren
Fond aufkochen, mit Speisestärke abbinden und kalte Butter einmixen.
Für die Safransauce Gemüse in Öl anschwitzen, würzen. Mit allem Al-
kohol ablöschen, mit heißem Fisch- und Geflügelfond auffüllen, kurz
kochen, passieren. Fond weiter reduzieren, kalte Butter einmixen. Vor
dem Servieren Zucchini, Tomaten und blanchierte Lauchrauten zugeben. Etwas Safranfäden und Basilikumstreifen einstreuen. Die gekühlten
Jakobsmuscheln salzen, pfeffern, in Keimöl anbraten, etwas Butter zugeben. Hummer in Safransauce anrichten. Jakobsmuscheln und Spinattortellini anlegen, mit Hummerschaum und frischen Kräutern dekorieren.

Suprême vom Steinbutt mit Périgord-Trüffel

und Kartoffelpüree

1. Steinbutt gründlich waschen, abtrocknen, auf ein rutschfestes Brett legen und mit dem Auslösen beginnen. Den Steinbutt hinter dem Kopf, rund um den Kiemenrand bis zur Mittelgräte einschneiden. Das Messer auf der Mittelgräte bis zum Schwanz führen. Dann das Messer am Kopf in leichter Schräglage ansetzen und auf der Mittelgräte das Messer nochmals von innen zum Flossenrand in Richtung Schwanz führen und dabei das Filet vorsichtig lösen. Der Steinbutt hat auf jeder Seite zwei Filets und jedes muss für sich gelöst werden. Um die Haut abzuziehen, das Filet auf die Hautseite legen, das Messer an die Schwanzspitze ansetzen und ebenfalls in leichter Schräglage, auf der Haut nach oben schieben. Die Filets nun unter fließendem, kaltem Wasser gründlich waschen und trocken legen. Zum Portionieren die Filets quer in 4–5 cm breite Tranchen schneiden, würzen und mehlieren.

2. Für das Püree die geschälten und ungeschälten Kartoffeln kochen, ausdämpfen und durch eine Kartoffelpresse drücken. Die Milch mit der Butter und den Gewürzen aufkochen und in kleinen Schritten unter den Kartoffelschnee arbeiten, so dass ein lockeres Püree entsteht.

3. Für die Jus den Trüffel sorgfältig unter kaltem Wasser mit Hilfe einer Wurzelbürste reinigen. Auf einem Trüffelhobel in nicht zu feine Scheiben schneiden. Die Butter in einem Topf aufschäumen, die Trüffelscheiben in der Butter kurz durchschwenken und mit Cognac, Madeira und Portwein ablöschen. Einige Sekunden köcheln, durch ein feines Sieb passieren. Die aufgefangenen Trüffelscheiben beiseite stellen und den Sud etwas reduzieren, mit Kalbsfond auffüllen. Nach Belieben die Sauce mit Butter montieren, um die gewünschte Konsistenz zu erhalten.

Für 4 Personen

4 Tranchen vom Steinbutt à 60 g
30 g Butter/Olivenöl
Salz
Pfeffer aus der Mühle
Mehl
Butter

Kartoffelpüree
500 g mehlige Kartoffeln, ungeschält
400 g geschälte Kartoffeln
80 g Süßrahmbutter
110 ml H-Milch
Salz, Muskat

Trüffeljus
20 g Trüffel
Salz, Pfeffer aus der Mühle
15 g Butter
10 ml Cognac
20 ml Madeira
30 ml Portwein
70 ml Geflügelfond
20 ml Kalbsfond

Frikassee von Frühlings-morcheln und Spargel

mit Seezungenfilet und Pommes Parisiennes

Für 4 Personen

Frikassee von Morcheln und Spargel
20 möglichst frische Morcheln

Morchelfond für die Sauce
(muss eine Stunde ziehen)
Butter und Öl
25 g Schalotten
30 g Karottenwürfel
10 g Staudenselleriewürfel
½ Knoblauchzehe, halbiert
½ Lorbeerblatt
Pfefferkörner, weiß, zerstoßen,
Meersalz
Morchelstiele
200 ml Hühnerbrühe
20 ml Kalbsfond
80 ml Sahne

2 Seezungen à 500–600 g

Spargel
8 grüne Spargelspitzen
4 Stangen weißer Spargel
4 Stangen grüner Spargel
Meersalz
Zucker
Sturz Butter

20 Parisienne-Kartoffeln

Morchelsauce
30 g Butter
32 Morcheln
140 ml Morchelfond
50 g Butter
geschlagene Sahne

1. Für das Frikassee Morchelstiele abschneiden, waschen, beiseite legen. Die großen Morcheln halbieren, die kleinen ganz lassen, waschen, trocken schleudern, auf ein Küchentuch legen. Für den Morchelfond Gemüsewürfel in Butter und Öl anschwitzen. Gewürze und Morchelstiele zugeben und schmoren, bis die Flüssigkeit verdampft ist. Hühnerbrühe und Kalbsfond aufkochen, zum Saucenansatz geben und 20 Minuten köcheln. Heiße Sahne zugeben, aufkochen und zugedeckt 1 Stunde beiseite stellen. Fond passieren, dabei den Ansatz kräftig ausdrücken.

2. Seezunge waschen, Schwanzspitze für einige Sekunden in kochendes Wasser halten, bis sich die Haut leicht aufrollt, den Fisch häuten. Dazu die Haut an der Schwanzspitze leicht hochschieben, mit einem trockenem Tuch festhalten, in Richtung Kopf vorsichtig abziehen. Seezunge umdrehen, die zweite Seite abziehen. Haut für den Fischfond zurücklegen. Zum Filetieren mittig hinter dem Kopf ansetzten, entlang der Mittelgräte zur Schwanzflosse schneiden, wieder am Kopf ansetzen und schräg an der Karkasse entlang bis zum Flossenrand schneiden. So vier Filets lösen, abspülen, trocken tupfen, halbieren und kühl stellen.

3. Spargel schälen und dritteln. Das Kochwasser mit Meersalz, Zucker und einem Stück Butter gut abschmecken. Spargel ins kochende Wasser geben und zugedeckt in der verbleibenden Hitze etwa 15 Minuten garen.

4. Für die Pommes parisiennes Kartoffeln waschen, schälen und in kaltes Wasser legen. Mit einem Parisienne-Ausstecher Kartoffeln zu runden Kugeln formen und in Salzwasser garen. Später die Kartoffeln mit Butter und etwas Kochwasser glasieren.

5. Für die Sauce die Morcheln in brauner Butter 30–40 Sekunden anschwitzen, salzen und pfeffern. Mit heißen Morchelfond auffüllen, aufkochen und passieren. Sauce nochmals aufkochen, mit Butter montieren, etwas Sahne unterheben, Morcheln dazugeben, sofort servieren. Seezungenfilets salzen und pfeffern, in brauner Butter glasig braten. Auf einem Teller mit Fischsauce umgießen. Morcheln in ihrer Sauce anrichten. Mit Pommes Parisiennes und Spargelspitzen ergänzen.

Duett von Wachtel und Taube im Spinatmantel

in Morchelschaum auf Kartoffelrisotto

1. Für das Duett die küchenfertigen Wachtel- und Taubenbrüste ohne Haut und Knochen zwischen zwei Folien leicht plattieren, salzen und pfeffern. Mit etwas reduziertem Portwein und Madeira einpinseln. Auf der Spinatmatte im unteren Drittel die Taubenbrüste nahtlos aneinanderschichten. Mit Wachtelfarce hauchdünn ausstreichen und mit einer Lage Spinat abdecken. Etwas Farce auf den Spinat streichen, Wachtelbrüste ebenso auflegen. Alles mit der übrigen Spinatmatte abdecken und in Schweinenetz einwickeln. Im vorgeheizten Ofen bei 90 °C etwa 20 Minuten garen. Anschließend 10 Minuten an einem warmen Ort ruhen lassen.

2. Für das Risotto die Kartoffeln schälen, in feine Würfel schneiden und in Salzwasser blanchieren. Die Schalotten in wenig Butter anschwitzen, Kartoffel- und Gemüsewürfel zugeben, würzen, mit Hühnerbrühe angießen und bei kleiner Hitze garen. Den Parmesan, die Butter, braune Butter und den fein geschnittenen Spinat erst unmittelbar vor dem Servieren zugeben. Das Risotto sollte eine leichte Bindung durch den Parmesan und die Butter erhalten.

3. Für den Morchelschaum die Morcheln von den Stielen befreien und getrennt waschen. Schalotten, Knoblauch und Gewürze glasig anschwitzen, Karotten und Champignons kurze Zeit mitbraten. Morchelstiele parallel in Butter anbraten, dem Ansatz beifügen, mit heißer Hühnerbrühe auffüllen und 20 Minuten köcheln. Mit Sahne auffüllen, aufkochen, zugedeckt 30 Minuten ziehen lassen. Sauce passieren, Ansatz kräftig ausdrücken. Morchelsahne nochmals passieren, aufkochen und beiseite stellen. Ganze Morcheln in schäumender Butter schwenken, salzen, pfeffern und mit wenig Morchelsahne umgießen, einen Teelöffel Geflügeljus beigeben, kurz durchkochen. Morcheln anrichten, Sauce mit Butter montieren und mit Sahne abrunden.

4. Unmittelbar vor dem Servieren die Roulade in schäumender Butter mit frischen Kräutern und Wacholder kurz aromatisieren. Das Kartoffelrisotto mit einem Ring in der Mitte des Tellers platzieren. Darauf die aufgeschnittene Roulade setzen und außen herum die Morcheln, etwas Gemüse und feine Blätter glatter Petersilie dekorieren.

Für 4 Personen

Duett von Wachtel und Taube
4 Wachtelbrüste
3 Taubenbrüste
1 EL reduzierten Portwein
1 EL reduzierten Madeira
Spinatmatte in Länge und Umfang der Roulade
2 EL Wachtelfarce (siehe Seite 87)
Schweinenetz, gut gewässert und ausgedrückt

Kartoffelrisotto
200 g fest kochende Kartoffeln
20 g Schalotten
40 g Gemüsewürfel aus Karotte, Sellerie, Zucchinischale und Lauch
Hühnerbrühe oder Kartoffelbrühe
30 g Parmesan
30 g Butter
15 g braune Butter
40 g Spinat
Salz, Muskat, Pfeffer
etwas Knoblauch

Morchelschaum
12 schöne Morcheln
20 g Schalottenwürfel
½ Knoblauchzehe, mittlerer Größe
½ Lorbeerblatt, fein geschnitten
Meersalz
5 weiße Pfefferkörner
20 g Karotten (möglichst junge Möhren), in feine Würfel geschnitten
30 g rosa Champignons
150 ml kräftige Hühnerbrühe
100 ml Sahne, 33 % Fett
1 TL Geflügeljus
Butter
angeschlagene Sahne zum Montieren

Wacholder
blanchierte Karottenstreifen
blanchierter Romanesco
glatte Petersilie

Poltinger Lammrücken in Bärlauchkruste

auf Kirschtomaten und Pestokartoffeln

Für 4 Personen

Lammrücken
600 g Lammrückenfilet, küchenfertig
2 Thymianzweige, 2 Rosmarinzweige
2 Knoblauchzehen
Butter zum Nachbraten

Bärlauchkruste
250 g Butter, 75 g Eigelb
90 g Bärlauchpüree, 25 g Bärlauch,
in feine Streifen geschnitten
150 g Gemüsebrunoise (zu gleichen
Teilen Karotte, Sellerie, Zucchinischale)
60 g angebratene Schalottenwürfel
50 g Brotkrumen
70 g geröstete Toastbrotwürfel

Kirschtomaten (siehe Seite 51)

Lammsauce
1 kg Lammknochen und Flechsen
100 g Zwiebeln, 20 g Karotten
40 g Staudensellerie
2 Knoblauchzehen
5 g Meersalz, 2 g weißer Pfeffer
2 Thymianzweige, 2 Rosmarinzweige
2 Lorbeerblätter, 3 Fleischtomaten
150 ml Weißwein, 1,5 l Wasser

Basilikumpesto
80 g frische Basilikumblätter
20 g frische Blattpetersilie
50 g Pinienkerne, leicht angeröstet
30 g Parmesan, fein gehobelt
120 ml bestes Olivenöl
50 ml Traubenkernöl, ½ TL Ascorbin

Pestokartoffeln
4 große fest kochende Kartoffeln
Rosmarin, Thymian, Knoblauch, Salbei
1 EL geriebener Parmesan

Bohnengemüse
250 g Keniabohnen
1 Knoblauchzehe
½ TL etwas Bohnenkraut

1. Lammrücken in vier Stücke schneiden, würzen und in schäumender Butter anbraten. Auf ein Gitter setzen und im Backofen bei 90 °C garen. Das dauert je nach Stärke des Fleisches 20–25 Minuten. Wenn das Fleisch eine Kerntemperatur von etwa 52 °C erreicht hat, aus dem Ofen nehmen und an einem warmen Ort aufbewahren. Für die Kruste Butter schaumig schlagen, Eigelb beigeben und alle Zutaten unterheben. Salzen, pfeffern, zu Rollen formen, kühl stellen.

2. Die in Walnussgröße zerkleinerten Lammknochen salzen, pfeffern und im Fett anbraten. Fett abgießen, Knochen nochmals mit Pflanzenöl und Butter ansetzen. Gewürze und Gemüse beigeben, bei 200 °C und offener Ofentür im Backofen braten, dabei stetig wenden. Mit Weißwein ablöschen, auf ein Drittel reduzieren, mit Wasser auffüllen und ca. 2 ½ Stunden köcheln, währenddessen den aufsteigenden Schaum abschöpfen. Sauce passieren und bis zur gewünschten Konsistenz einkochen. Kirschtomaten nach Rezept auf Seite 51 zubereiten.

3. Für das Pesto Basilikum- und Petersilienblätter mit den übrigen Zutaten pürieren. Kartoffeln schälen, in Stifte schneiden, so aushöhlen, dass Seiten und Boden von gleicher Stärke sind. Mit Salz und frischen Kräutern al dente dämpfen, backen, mit Pesto füllen und mit Parmesan bestreut unter dem Grill gratinieren.

4. Für das Gemüse Bohnen schneiden und in gesalzenem Wasser blanchieren. In Eiswasser abschrecken, um die Farbe zu erhalten. Trocken legen und beiseite stellen. Bohnen in Butter mit Salz, Pfeffer und etwas Knoblauch erhitzen und mit etwas gezupftem Bohnenkraut abschmecken. Lammrücken nachbraten, mit Brotkrumen bestreuen, Bärlauchkruste in Scheiben auf den Rücken legen, unter dem Grill gratinieren. Lammrücken auf die Bohnen setzen, mit Pestokartoffeln und den Kirschtomaten anrichten.

Kalbskarree
aus dem Schönbuch

nach meiner Art

1. Das Kalbskarree kräftig mit Salz und Pfeffer würzen. In einer schweren Pfanne bei mittlerer Hitze rundum in Maiskeimöl anbraten, auf ein Küchengitter legen und in den auf 72 °C eingestellten Umluftofen stellen. Das Stück Fleisch braucht je nach Größe mindestens 4 Stunden.

2. Während der Garzeit des Fleisches ist ausreichend Zeit für die Vorbereitung einer schönen Gemüseauswahl. Alles wird sorgfältig gewaschen und geschält oder gebürstet. Auch die Ofentomaten, Pinienkerne und das Pesto können vorbereitet werden. Alle weiteren Gemüsesorten können geschnitten und geformt werden. Wenn das Kalbskarree sich entspannt, kann mit dem Garen des Gemüses begonnen werden.

3. Eine schwere Pfanne mit Olivenöl erhitzen, die Gemüse in der Reihenfolge der Rezeptur in die Pfanne geben, darauf achten, dass das Gemüse stetig brät und nicht kocht. Mit Salz und Pfeffer würzen. Unmittelbar vor dem Servieren die Kräuter unterschwenken. Die Steinpilze getrennt in wenig brauner Butter braten, mit Salz und Pfeffer würzen und etwas Blattpetersilie darüberstreuen. Parallel das Kalbskarree in schäumender Butter mit den Kräutern erwärmen.

4. Für jeden Gast einen bunten Gemüseteller anrichten, das Pesto sorgfältig verteilen und frische Pinienkerne darüberstreuen. Zum Schluss mit frischem Olivenöl übergießen und servieren. Das Karree wird am Tisch geschnitten, so dass jeder Gast eine Portion Karree mit Kotelettknochen bekommt.

Für 4 Personen

Kalbskarree
600–800 g Kalbskarree am Stück, küchenfertig
Rosmarin, Thymian
Salbei, Knoblauch
Salz, Pfeffer
Maiskeimöl

Mediterranes Gemüse
12 Silberzwiebeln
1 bretonischer Artischockenboden, in 12 Ecken geschnitten
1 Zucchini, gewaschen und in die gewünschte Form gebracht
12 Minimöhren, geschält mit einem Teil vom Grün
1 Kohlrabi, geschält und in Halbmonde geformt
1 junger zarter Fenchel, in Scheiben geschnitten
4 Stangen Frühlingslauch, gewaschen und in grobe Stücke geschnitten
4 Steinpilze, gebürstet, mit einem feuchten Tuch abgerieben
12 Kirschtomaten (siehe Seite 51) zum Aperitif
2 frische Tomaten, gehäutet, geviertelt und ohne Kerne
16 eingelegte schwarze Oliven
1 TL gezupfter Thymian und gehackter Rosmarin
1 TL frisch geschnittenes Basilikum, Blattpetersilie
2 EL Pesto
(siehe Lammrücken Seite 101)
2 EL frisch geröstete Pinienkerne

frisch gebackenes Baguette

Käsegang

Gebackener Crottin de Chavignol
Geschmolzener Grießknödel mit Fourme d'Ambert
Roquefort in der Williamsbirne
Tellersülze vom Sainte Maure
Chaource gefüllt mit Trockenfrüchten

Gebackener Crottin de Chavignol

auf Walnussbrotcroûton mit glasierten Weintrauben

1. Den Crottin de Chavignol im gut verquirlten Eiweiß wenden, das überschüssige Eiweiß gut abstreifen, in Mehl wenden und in einer beschichteten Pfanne mit wenig Öl von allen Seiten leicht anbraten. In den auf 180 °C geheizten Ofen schieben, bis sich der Käse wölbt.

2. In der Zwischenzeit das Brot in Scheiben schneiden und knusprig toasten. Die Weintrauben in schäumender Butter kurz anschwenken, mit Puderzucker berieseln und leicht karamellisieren. Den Crottin de Chavignol auf die Croûtons setzen und mit glasierten Weintrauben umlegen. Einen Faden Akazienhonig auf den Teller ziehen und servieren.

4 Crottin de Chavignol, nicht zu reif
2 Eiklar
Mehl
Öl
4 Walnussbrotcroûtons, ausgestochen
40 Muskattrauben, geschält, halbiert und entkernt
Butter
Puderzucker
Akazienhonig

Geschmolzener Grießknödel mit Fourme d'Ambert

auf Marillenpüree

Für 4 Personen

Grießknödel
250 ml Wasser
80 g Butter
Salz, Muskat
100 g Hartweizengrieß
2 Eier

160 g Fourme d'Ambert

Mirabellenpüree
20 Mirabellen
60 g Zucker
4 ml Süßwein
sehr wenig Vanillemark
Mirabellenschnaps

Schmelze
Butter
brauner Zucker
Briochebrösel, nicht zu fein

2 EL eingeweckte Preiselbeeren

1. Für die Grießknödel den Käse zu kleinen Kugeln formen. Das Wasser mit der Butter aufkochen und würzen. Den Hartweizengrieß zügig einrieseln lassen, gut abrühren und noch im heißen Zustand die Eier schnell und kräftig einarbeiten. Eine kleine Menge vom Teig in die leicht feuchte Hand nehmen und flach drücken. Die Kugeln vom Fourme d'Ambert in die Mitte legen, mit dem Grießteig verschließen und zu kleinen runden Knödeln formen. Ins kochende Salzwasser gleiten lassen und ca. 6 Minuten pochieren.

2. Für das Püree die frischen Mirabellen waschen, entkernen und vierteln. Einen Topf mit Zucker ausstreuen, leicht karamellisieren lassen und die Mirabellen zugeben. Die Hitze reduzieren und kurz schmoren lassen. Dann mit dem Süßwein ablöschen, aufkochen und den Topf mit einem Deckel verschließen. Nach wenigen Minuten Deckel abnehmen und umrühren, die Mirabellen weich kochen. Passieren und eventuell etwas nachwürzen. Kurz vor dem Servieren nach Geschmack etwas Mirabellenschnaps zugeben. Für die Schmelze die Butter aufschäumen, etwas braunen Zucker beigeben, wenig schmelzen lassen und die Brösel goldgelb rösten und an einem warmen Ort aufbewahren.

3. Das Mirabellenpüree auf die Teller geben, die Knödel aus dem Wasser nehmen, kurz abtropfen lassen, die Schmelze auf die Knödel geben und anschließend auf das Mirabellenpüree setzen, die Preiselbeeren bilden den Schluss.

Roquefort in der Williamsbirne

mit Kartoffelchipsmousse

1. Für die Brotringe das Baguette in hauchdünne lange Scheiben schneiden. Die Scheiben einlagig um einen Ring mit 5 cm Durchmesser der mit etwas Antihaftspray eingesprüht wird, wickeln. Alles in Alufolie rollen und im Ofen bei 50 °C über Nacht trocknen. Den Brotring vorsichtig lösen.

2. Für die Mousse den Topfen, die Orangen- und Zitronenzesten in einer Schüssel glänzend aufschlagen. Das Eiweiß mit dem Zucker zu einem mittelfesten Schnee schlagen und währenddessen die angeschlagene Sahne unterheben. Die gemahlenen Kartoffelchips mit dem Eischnee gemeinsam unterheben. Die Masse in ein Passiertuch geben und über Nacht aushängen lassen.

3. Für die gefüllte Birne den Roquefort in Portionen von 2 cm Durchmesser ausstechen. Aus Zucker, Rotwein, Portwein, Cassis und allen Gewürzen einen Sud kochen. Die Birnen im Sud aufkochen, den Topf mit einem Deckel verschließen und auf kleiner Flamme weich kochen. Heiß ins Weckglas geben und eine Woche durchziehen lassen. Der Fond wird später als Gelee verwendet. Die Birne vom Blütenansatz her in einer Größe von ca. 2 cm Durchmesser aushöhlen. Den Roquefort in die Birne füllen und für 2–3 Stunden in Folie einwickeln. Anschließend die Birne in Scheiben aufschneiden, die Schnittflächen mit einer warmen Palette glatt streichen, auf einen Teller stellen, den Brotring aufsetzen und die Mousse als Nocke in den Ring setzen.

Für 4 Personen

Kartoffelchipsmousse
(muss über Nacht aushängen)
125 g Topfen
1 g Orangenzesten
1 g Zitronenzesten
75 g Eiweiß
20 g Zucker
250 g geschlagene Sahne
100 g gemahlene
Paprika-Kartoffelchips

Gefüllte Birnen mit Roquefort
(muss eine Woche durchziehen)
100 g brauner Zucker
150 ml Rotwein
150 ml Portwein
150 ml Cassis
1 Schale von der Orange,
ohne das Weiße
⅓ Ceylon-Zimtstangen
2 Nelken
⅓ Vanillestangen
½ Lorbeerblatt

2 reife Williamsbirnen
80 g Roquefort

Tellersülze vom Sainte Maure

mit Birnen und Kumquats, dazu knuspriges Roggenbrot

Für 4 Personen

4 Scheiben Saint Maure

140 g Kumquats
350 g Birnen
60 g brauner Zucker
150 ml Weißwein
15 ml Grand Marnier
15 ml Williamsschnaps
15 g Ingwer, geschält
Saft von ½ Zitronen
⅓ Zimt
1 Nelke
1 Vanilleschote
½ milde Chilischote
Abrieb von 1 Orange
250 ml Orangensaft
250 ml Birnensaft
3 Blätter Gelatine,
in kaltem Wasser eingeweicht
Williamsschnaps
Grand Marnier
wenige Zweige Zitronenthymian

knuspriges Roggenbrot

1. Die Kumquats heiß waschen und den Stiel entfernen. Danach die Kumquats diagonal halbieren, die Kerne mit einem Zahnstocher lösen und entfernen. Die Birne waschen und schälen, die Schale für den Sud aufbewahren. Aus der Birne kleine Kugeln ausstechen, davon 12 Stück als Einlage aufbewahren.

2. Den braunen Zucker leicht karamellisieren, mit Grand Marnier, Williamsschnaps und Weißwein ablöschen. Die Birnenabschnitte und ein Drittel von den Kumquats mit den Gewürzen zugeben und kurz anschwitzen, mit Orangensaft und Birnensaft ablöschen. Etwa 30 Minuten auf kleiner Flamme weich kochen. Den Sud passieren und leicht ausdrücken. Der Sud sollte dabei möglichst klar und flüssig bleiben. Die Birnenkugeln und die Kumquats in diesem Sud weich schmoren. Anschließend die Früchte entnehmen. Im noch heißen Sud die Gelatine auflösen, die Schüssel auf Eis stellen. Mit Williamsschnaps und Grand Marnier abschmecken und mit frischem Zitronenthymian aromatisieren.

3. Den Saint Maure in einen kleinen tiefen Teller legen, die Früchte anlegen, mit der Sülze leicht übergießen und servieren. Das Roggenbrot mit Olivenöl beträufeln, im 180 °C heißen Ofen ca. 5 Minuten rösten. Lauwarm dazu essen.

Anmerkung

Saint Maure
Dieser streng nach traditioneller Methode (AOC) hergestellte Ziegenkäse aus der Touraine besteht ausschließlich aus Rohmilch und ist an seinem Strohhalm in der Mitte zu erkennen, der den Käse zusammenhalten, ihn aber auch von der Mitte her belüften soll. Die gesalzene Holzkohlenasche gibt der Käserolle ihr unverwechselbares Aussehen und verleiht dem nach sechs Wochen vollständig gereiften Käse eine trockene, mit blauem Schimmel überzogene Rinde.

Chaource gefüllt mit Trockenfrüchten

und Früchtebrot

1. Für den Sud alle Trockenfrüchte in feine Würfel scheiden. Das Wasser mit Vanille und Sternanis aufkochen, den Tee beigeben und fünf Minuten ziehen lassen. Die Teebeutel entnehmen, den Orangensaft beigeben und erneut erwärmen. Den Auszug mit samt dem Tokaji über die geschnittenen Trockenfrüchte gießen, alles gut vermengen, mit Folie abdecken und für 24 Stunden in den Kühlschrank stellen.

2. Die Trockenfrüchte in ein Sieb schütten und abtropfen lassen. In der Zwischenzeit vom Chaource einen Deckel von 1,5 cm abschneiden und mit einem erwärmten Löffel den Chaource aushöhlen, so dass rundum ein Rand von 1 cm stehen bleibt.

3. Das Früchtebrot in 0,5 cm dicke Scheiben schneiden und ausstechen. Die Scheiben sollen so groß sein, dass man sie in den Käse hineinlegen kann. Zunächst das Früchtebrot einlegen, anschließend eine Schicht marinierte Trockenfrüchte und eine Scheibe Chaource. Den Vorgang wiederholen, bis der Käse gefüllt ist. Den Käse in Klarsichtfolie wickeln und für ca. 3 Stunden ziehen lassen.

4. Den Abtropffond mit etwas altem Apfel-Balsamico und Honig verrühren. Den Chaource mit einem heißen Messer in saubere Keile schneiden, diese auf einen Teller stellen und mit dem Apfelhonigessig dekorieren.

Für 4 Personen

(muss 24 Stunden kühlen)

1 Chaource von 530 g

Trockenfrüchte
25 g Mango
25 g Feige
25 g Sultaninen
25 g Aprikose
25 g Pflaume
25 g Kletzen
25 g Apfel
25 g Papaya

70 ml Wasser
1 Vanilleschote
1 Sternanis
2 Beutel Earl Grey
100 ml Orangensaft
80 ml Tokaji
2 Früchtebrotscheiben
frischer Pfeffer

1 TL Apfel-Balsamico
1 EL Honig

Anmerkung

Chaource
Der aus Kuhmilch mit Außenschimmel hergestellte Käse aus dem Département Aube bei Troyes hat einen Gehalt von 50–55 % Fett. Nach 5 Tagen der Reife ist er schon als Frischkäse zum Verzehr geeignet, nach 30 Tagen gilt er als Weichkäse und wird mit zunehmender Reife cremiger und auch kräftiger im Geschmack.

Dessert

Erdnusspraliné mit Brombeermousse
Marmoriertes Feigen-Cantuccinieis
Gratinierte Zitrusfrüchte
Gâteau von Manjari-Schokolade
Schwäbischer Rhabarber-Ofenschlupfer

Erdnusspraliné mit Brombeermousse

mit orientalischem Gelee und Macadamianusseis

Für 4 Personen

Erdnusspraliné
380 g Erdnüsse
325 g Puderzucker
380 g Milchschokolade
1 Prise Salz

Biskuit
60 g Ei, 40 g Eigelb
150 g Tant pour Tant
Vanilleschote, Orangenschale
140 g Eiweiß
50 g Zucker, 60 g Mehl

Brombeermousse
500 g Brombeermark
225 g Zucker, 90 g Wasser
150 g Eiweiß
10 g Gelatine
300 g Sahne, 33 %

Macadamianusseis
175 ml Milch, 325 ml Sahne
75 g Macadamianüsse
6 Eigelb, 100 g Zucker
30 ml Nusslikör

Orientalisches Gelee
400 ml Wasser, 200 g Zucker
10 Zimtstangen, 10 Nelken
10 g Sternanis
Schale von einer halben Orange
Schale von einer halben Zitrone
wenig Piment
2 Vanilleschoten, aufgeschnitten
und das Mark ausgeschabt
2 g Minze, 5 g roter Pfeffer
½ Tonkabohne, 3 g Koriander
2 Bl Gelatine
100 g weiße Kuvertüre
100 ml Gewürzsud
50 g Crème fraîche
50 ml Moscato d'Asti

1. Für das Praliné die Erdnüsse 3–4 Minuten bei 180 °C rösten und komplett auskühlen lassen. Mit dem Puderzucker im Mixer mit dem Messer ölig mixen. Die Schokolade mit dem Salz in kleinen Stücken mit in den Mixer geben und glatt mixen. In einen Rahmen gießen und auskühlen lassen.

2. Für den Biskuit das Ei mit Eigelb und Tant pour Tant kalt aufschlagen. In der Zwischenzeit das Eiweiß mit dem Zucker zu festem Schnee schlagen und vorsichtig darunterheben. Zum Schluss mit dem Holzlöffel das Mehl unterarbeiten. Den Teig ½ cm dick auf eine Backmatte streichen und für ca. 4–5 Minuten bei 180 °C backen.

3. Für die Mousse den Zucker mit dem Wasser bei 126 °C kochen, auf das leicht aufgeschlagene Eiweiß langsam gießen und bei mittlerer Geschwindigkeit kalt mixen. Die eingeweichte Gelatine in etwas erwärmtem Brombeerpüree auflösen, das übrige Püree zugeben und kräftig einrühren, anschließend in zwei Arbeitsschritten unter das Eiweiß heben und im Anschluss die aufgeschlagene Sahne vorsichtig in zwei Arbeitsschritten unterheben.

4. Für das Eis die Milch und die Sahne aufkochen, die leicht angerösteten Macadamianüsse zugeben und zwanzig Minuten ziehen lassen. Eier und Zucker verrühren, Macadamianuss-Sahne auf die Eimasse passieren und unter ständigem Rühren im Wasserbad auf 75 °C erhitzen. Passieren und auf gestoßenem Eis abkühlen lassen, in der Eismaschine gefrieren.

5. Für das Gelee Wasser, Zucker und alle Gewürze aufkochen, zugedeckt 10 Minuten bei geringer Hitze ziehen lassen. Auskühlen lassen, Sud passieren, dabei die Gewürze kräftig ausdrücken. Den erhaltenen Gewürzsud erhitzen und die ausgedrückte Gelatine in 100 ml auflösen. Schokolade schmelzen, 100 ml Gewürzsud beigeben, verrühren und mit Crème fraîche und Moscato d'Asti aufmixen. Das Praliné in eine rechteckige Form setzen, Biskuit auflegen, mit der Mousse auffüllen, erkalten lassen und mit dem orientalischen Gelee überziehen.

Marmoriertes Feigen-Cantuccinieis

mit hellem und dunklem Schokoladenmosaik

1. Für das Feigeneis Rotwein, Zucker und Vanilleschote auf 190 ml reduzieren, frischen Rotwein beigeben, auf 75 °C erwärmen, Butter einmixen, auf 75 °C erwärmen. Verquirltes Ei zugeben, im Wasserbad zur Rose abziehen*. Feigenmark und Feigenschnaps mixen, auf 4 °C herunterkühlen, in der Eismaschine gefrieren. Für das Cantuccinieis Sahne, Milch, Cantuccini, Marzipan und Vanilleschote aufkochen. Zugedeckt 30 Minuten ziehen lassen. Aufkochen, mixen und dpassieren. Eigelb und Zucker im Wasserbad cremig aufschlagen. Heißen Cantuccinimix zugeben, zur Rose abziehen, passieren. Masse halbieren, in je eine Hälfte Amaretto und Bacardi geben. Eismassen leicht salzen, auf 4 °C kühlen, in der Eismaschine gefrieren. Beide Eissorten schichtweise in ein Küchengefäß einstreichen.

2. Für die helle Mousse Ivoire-Schokolade schmelzen. Eigelb und Ei mit Zucker im Wasserbad zur Rose aufschlagen. Den warmen Eischaum auf die Schokolade geben, verrühren. Bacardi mit Crème de Cacao erwärmen, ausgedrückte Gelatine auflösen, in die Basis rühren, auf 32 °C abkühlen lassen und Sahne unterheben. Für die dunkle Mousse dunkle Kuvertüre schmelzen. Parallel Eigelb, Ei und Zuckcr im Wasserbad zur Rose aufschlagen. Den warmen Eischaum auf die Schokolade geben und kräftig verrühren. Weinbrand mit Crème de Cacao aromatisieren. Sobald die Grundmasse auf 32 °C abgekühlt ist, geschlagene Sahne unterheben und kühl stellen. In einen Spritzbeutel mit Lochtülle Größe 10 füllen, ein Blech mit Backpapier auslegen und die Mousse abwechselnd nebeneinander aufspritzen. Sofort leicht gefrieren lassen.

3. Für den Schokoladenlack Läuterzucker mit Espresso und Gewürztraminer erwärmen, Nougat zugeben, Kakaopulver einrühren und die Gelatine in dem noch warmen Lack auflösen. Auf Handtemperatur abkühlen lassen und über die angefrorene Schokoladenmousse geben. Erneut kühl stellen. Das angefrorene Mousse schräg in Portionen schneiden, mit dem zweifarbigen Eis anrichten und mit frischen Früchten dekorieren.

Für 4 Personen

Feigeneis
500 ml Rotwein, auf 190 ml reduziert
190 ml frischer Rotwein
1 Vanilleschote, 250 g Zucker
375 g Butter, 120 g Eigelb
150 g Feigenmark
25 ml Feigenschnaps

Cantuccinieis
500 ml Sahne, 220 ml Milch
100 g Cantuccini
30 g Marzipan
1 ½ Vanilleschote
110 g Zucker, 150 g Eigelb
15 ml Amaretto, 15 ml Bacardi
Prise Salz

Helle Mousse
350 g Ivoire-Schokoladenstücke
(weiße Schokolade)
120 g Ei, 40 g Eigelb
20 g Zucker, 40 ml Bacardi
20 ml Crème de Cacao
3 Bl Gelatine, in kaltem
Wasser eingeweicht
500 ml geschlagene Sahne

Dunkle Mousse
390 g Kuvertürestücke mit
67 % Kakaogehalt
120 g Ei, 40 g Eigelb
20 g Zucker, 20 ml Weinbrand
40 ml Crème de Cacao
700 ml geschlagene Sahne

Schokoladenlack
2 doppelte Espresso
200 ml Läuterzucker*
10 ml Gewürztraminer
100 g Nougat, 100 g Kakaopulver
4 Bl Gelatine, in kaltem Wasser
eingeweicht

* farbloser, reiner Zuckersirup

* zur Rose abziehen: Eimasse im heißen Wasserbad erwärmen

Gratinierte Zitrusfrüchte

mit karamellisierten Nüssen und Sauternes-Eis

Für 4 Personen

Zitrusfrüchte
2 rosa Grapefruits
3 Orangen
3 Blutorangen
2 Mandarinen
1 Vanilleschote
1 Sternanis

Gratin
2 Eigelb
50 g Puderzucker
½ Orangenabrieb
½ Zitronenabrieb
1 TL Vanillepulver
40 g Magerquark
2 Eiweiß
50 g Zucker
1 Prise Salz
Zitronensaft
Grand Marnier
Puderzucker

Sauternes-Eis
600 ml restsüßer Sauvignon Blanc
100 g getrocknete Aprikosen
30 g Rosinen
1 Vanilleschote
1 +0 g Zucker
200 ml Sauternes (Château Rieussec)
250 g Butter einmixen
auf 75 °C erwärmen
6 Eigelb

Karamellnüsse
300 g Nüsse
100 g Zucker
1 EL Wasser
Zimt, Vanille, Sternanis
20 g Butter

1. Zitrusfrüchte waschen und von der Hälfte die Schale abreiben. Abrieb zurückstellen. Zitrusfrüchte sorgfältig schälen, Filets auslösen und den Saft vom Kerngehäuse in einen Stieltopf pressen. Saft mit der Vanilleschote und Sternanis aufgekocht und nach zwanzig Minuten über die Früchte passieren. Die Früchte beiseite stellen und ziehen lassen.

2. Für das Gratin Eigelb und Puderzucker schaumig schlagen, Abrieb der Orangen und Zitronen beigeben. Vanillepulver und Magerquark zugeben und durchrühren. Eiweiß mit Zucker, Salz und Zitronensaft zu einem festen cremigen Schnee schlagen, Eischnee unter die Quark-Masse heben. Gratinmasse in einen tiefen Teller geben. Die marinierten Fruchtsegmente abgießen, trocken tupfen und abwechselnd in die Gratinmasse legen. Alles mit Puderzucker bestäuben und kurz vor dem Servieren unter dem Grill gratinieren.

3. Für das Eis Sauvignon Blanc mit Aprikosen, Rosinen, Vanilleschote und Zucker auf 75 °C erwärmen, auskühlen lassen. Erneut erwärmen und passieren, dabei die Früchte gut ausdrücken. Sauternes beigeben, auf 75 °C erhitzen und die in kleine Stücke geschnittene Butter einmixen. Erneut auf 75 °C erwärmen, Eismix auf die Eigelb gießen und im Wasserbad zur Rose abziehen. Sofort passieren, im Eisbad auf 4 °C herunterkühlen und in der Eismaschine gefrieren.

4. Für die Karamellnüsse Nüsse fünf Minuten in den auf 180 °C vorgeheizten Ofen schieben. Wasser und Zucker karamellisieren, die warmen Nüsse und Gewürze hinzufügen und die Butter zugeben. Aus dem Topf nehmen und sofort auseinanderziehen, so dass jede Nuss für sich erkalten kann.

5. Kurz vor dem Servieren die mit der Gratinmasse bedeckten Früchte unter dem Grill des Backofens leicht bräunen. Dazu das Sauternes-Eis mit den karamellisierten Nüssen anrichten, mit kandierten Orangenzesten und etwas Minze dekorieren.

Gâteau von Manjari-Schokolade

mit Marzipan und Rum-Rosineneis

1. Für die Mousse die Nüsse bei 180 °C rösten und erkalten lassen. Die Schokolade schmelzen. In der Zwischenzeit das Eigelb warm aufschlagen, das Marzipan hinzugeben und anschließend die geschmolzene Schokolade einrühren. Die aufgelöste Gelatine und die ausgekühlten Nüsse einarbeiten. Das Eiweiß mit dem Zucker zu Schnee schlagen und unter die Schokolade heben. Anschließend die geschlagene Sahne unterheben. Die Mousse in eine quadratische Form abfüllen und kühlen.

2. Für die marinierten Mandarinen die Früchte schälen, in einzelne Filets zupfen und sorgfältig alle weißen Hautbestandteile entfernen. Den Saft mit den Gewürzen aufkochen, die Mandarinen in den Gewürzsud einlegen und mindestens eine Nacht durchziehen lassen.

3. Für das Eis die Rosinen mit dem Rum ca. 12 Stunden marinieren. Wasser und Zucker bis zum leichten Karamell einkochen, in kleinen Schritten mit der erwärmten Milch ablöschen. Das Eigelb in einen Kessel geben und mit der Karamellmilch auf 75 °C abrühren. Anschließend passieren, die Crème fraîche einmixen und gefrieren. Die Rosinen werden unter den gefrorenen Eismix gehoben und dann wieder in den Tiefkühlschrank gestellt. Das Eis sollte mindestens zwei Stunden im Tiefkühler stehen, bevor es verzehrt wird.

4. Für die Hippen die Butter und den Zucker schmelzen, alle weiteren Zutaten zugeben und verrühren. 2 Stunden kühl stellen, anschließend mit Hilfe einer Schablone kleine Quadrate auf eine Silikonbackmatte aufstreichen, im vorgeheizten Ofen bei 180 °C backen. Noch warm von der Matte nehmen und auskühlen lassen.

5. Aus den quadratischen Honighippen abwechselnd mit dem Manjari-Schokoladenmousse kleine Türmchen bauen und diese mit den marinierten Mandarinen und dem Rum-Rosineneis anrichten. Dazu passt ein wenig Minze und eine hauchdünne Schokoladenstange.

Für 4 Personen

Manjari-Schokoladenmousse
100 g Haselnüsse
100 g Walnüsse
330 g Manjari-Schokolade
60 g Eigelb
100 g Marzipan
2 Bl Gelatine, in kaltem Wasser eingeweicht
200 g Eiweiß
50 g Zucker
250 g geschlagene Sahne

Marinierte Mandarinen
(muss über Nacht ziehen)
4 Mandarinen
300 ml Mandarinensaft, frisch gepresst
2 Sternanis
4 g Zimtstange
½ Vanilleschote
50 g Zucker
30 ml Mandarinenlikör
Abrieb von 1 Mandarine

Rum-Rosineneis
(muss zwei Stunden kühlen)
40 g Rosinen
50 ml Rum
130 g Zucker
50 ml Wasser
250 ml Milch
6 Eigelb
250 g Crème fraîche

Honighippen
(muss zwei Stunden kühlen)
125 g Butter
100 g Zucker
40 g Honig
90 g Mehl
10 g Kakaopulver
75 g Eiweiß
5 g Vanilleextrakt

Schwäbischer Rhabarber-Ofenschlupfer

mit Vanillesauce und Erdbeereis

Für 4 Personen

Rhabarberzubereitung

500 g Rhabarber, geschält
und in Stücke geschnitten
500 ml Rhabarbersud
500 g Zucker, 1 Vanilleschote
100 ml Orangensaft
270 g Briochewürfel
etwas Butter

Royale

250 ml Sahne, 4 Eier
60 g Zucker
1 Vanilleschote, ausgekratzt
1 Orangenabrieb
½ Zitronenabrieb
Salz, Zimt

Erdbeereis

750 ml Erdbeerpüree
500 ml Sahne
12 Eigelb
200 g Zucker
80 ml Erdbeerlikör

Vanillesauce

125 ml Sahne, 125 ml Milch
1 Vanilleschote
75 g Zucker, 100 g Eigelb

Tonkabohnenkaramell

225 g Fondant, 150 g Glukose
20 g Butter
geriebene Tonkabohne

Hippen

100 g Zucker, 100 g Butter
100 g Mehl, 100 g Eiweiß

Nougatine

(muss zwei Stunden kühlen)
100 g Glukosesirup
200 g Butter, 100 g Wasser
300 g Zucker, 3 g Pektin

1. Den Rhabarber waschen, schälen und in kleine Stücke schneiden. Die Schale mit Wasser, Orangensaft, Zucker und Vanilleschote aufkochen und zwanzig Minuten ziehen lassen. Anschließend passieren, erneut aufkochen und kochend heiß über den Rhabarber gießen. Diesen kurz durchschwenken und im Sud auskühlen lassen. Während der Rhabarber auskühlt, die Royale herstellen, hierzu werden alle Zutaten miteinander verrührt und mit etwas Salz und Zimt abgeschmeckt. Die Auflaufförmchen mit Butter und Zucker auskleiden. Die Rhabarberstücke aus dem Sud nehmen und mit den Brioche-Würfeln vermengen. Dann mit der Royale verrühren und anschließend in die Auflaufförmchen füllen. In dem auf 90 °C geheizten Ofen für 50–60 Minuten backen.

2. Für das Erdbeereis das Erdbeerpüree auf 500 ml reduzieren. Anschließend die Sahne aufkochen und mit dem reduzierten Erdbeerpüree vermischen. Das Eigelb mit Zucker schaumig schlagen, heiße Erdbeersahne hinzufügen und über dem Wasserbad zur Rose abziehen. Die Masse passieren, mit Erdbeerlikör abschmecken, auf 4 °C herunterkühlen und frieren.

3. Für die Vanillesauce die Sahne mit der Milch und der aufgeschnittenen Vanilleschote aufkochen und kräftig durchrühren, mit einem Deckel verschließen und für 30 Minuten an den Herdrand stellen. Anschließend erneut erhitzen und auf die in der Zwischenzeit schaumig geschlagene Eigelb-Zuckermasse gießen. Die Masse zur Rose abziehen. Auf 4 °C im Eisbad abkühlen lassen und anschließend zum Dessert servieren.

4. Für das Karamell Fondant, Glukose und Butter aufkochen, leicht karamellisieren. Mit der Tonkabohne aromatisieren und auf eine Silikonbackmatte aufgießen, nach dem Erkalten zermahlen. Das Karamellmehl mehrmals dünn auf eine Silikonbackmatte aufstreuen und unter dem Grill karamellisieren. Für die Hippen Zucker und Butter verschmelzen lassen, Mehl und Eiweiß einrühren. Für zwei Stunden in den Kühlschrank stellen. Den Glukosesirup, Butter und Wasser aufkochen. Den Zucker mit dem Pektin zugeben und für zwei Minuten kochen. Auf eine Silikonbackmatte streichen und auskühlen lassen.

REGISTER

Impressum
Bernhard Diers
2008 © Bibliothek der Köche für die Süddeutsche
Zeitung Edition, Süddeutsche Zeitung GmbH,
München

Fotografie: Bernd Grundmann
Texte: Ingo Swoboda
Rezepte: Frank Buchholz
Art Director: Eberhard Wolf
Grafik: Julia Wolf, Dennis Schmidt
Projektmanagement: G. Hoffmann, K. Holupirek
Projektleitung: Dirk Rumberg

Litho: JournalMedia GmbH, München
Herstellung: Hermann Weixler, Luitgard Ludwig
Druck und Bindung: Holzhausen Druck & Medien
GmbH, Wien

Die Informationen und Daten dieses Buches wurden
mit äußerster Sorgfalt recherchiert und überprüft.
Dennoch kann keine Gewähr für die Richtigkeit der
Angaben übernommen werden.

Printed in Austria

ISBN: 978-3-86615-564-0